SKANDAL DER GNADE

Entdecke, was dir längst gehört!

Steve Zschunke

Stimmen zum Buch

Es wird Zeit, dass unser Land die Gnade Jesu versteht. Es ist keine neue Botschaft oder Theologie, hier geht es um das Evangelium. In Steves Buch wirst du zurück zum Ursprung gebracht, zu der Sache, um die es tatsächlich geht, nämlich um die Freisetzung und den Eintritt in ein überfließendes und reiches Leben. Steve schafft es mit seinem Buch, diese Wahrheit von allen Seiten zu beleuchten. Dieses Buch wird dich ermutigen, die Fundamente, auf die dein Glauben steht, zu hinterfragen und ganz neu zu entdecken, was Christus am Kreuz getan hat. Wenn wir wirklich verstehen, was in diesem Buch steht, wird es alles verändern, was wir tun!

Ich liebe Steves Herz für Jesus und seinen Mut, vorwärts zu gehen und das Evangelium nicht nur zu predigen, sondern auch zu leben.

Flo Mack,

Jugendpastor Christuszentrum Weinstadt und
Leiter im Holyspiritnight-Movement

Steve bringt's mal wieder auf den Punkt! Hier wird Theologie auf eine ganz einfache Art und Weise heruntergebrochen, damit wir verstehen, wer Jesus (die Gnade in Person) ist, wer wir sind und was er für uns und in uns getan hat! All das, damit wir Zugang zu unserem Erbe haben, das uns schon lange gehört!

Wir dürfen nicht nur entdecken, wer wir sind, sondern vor allem, was es ganz praktisch mit unserem Leben macht, was es an Kraft in unsrem Alltag freisetzt und wie frei uns Jesus wirklich schon gemacht hat! Es ist alles vollbracht - hier wird tatsächlich Gute Nachricht gepredigt!

Wo sich in Büchern oftmals unwichtige Details in den Vordergrund drängen, bleibt Jesus hier unumstritten im Zentrum.

Wir Deutsche (eigentlich jede Nation, aber wir sind sehr im Perfektionismus verbissen) brauchen einen Gott, der größer ist als unsere Vorstellung, unsere Pläne und Konzepte, einen Gott, der unseren Verstand übersteigt, einen Gott, der unbegreiflich groß und anstößig gnädig ist! Möge dieses Buch dich in eine tiefere Beziehung zu diesem Gott bringen!

Ganz klar, ganz praktisch und ganz Jesus! Aus seiner Fülle haben wir empfangen, Gnade um Gnade.

Timo Hack,
Community Pastor bei Passion

„Gnade ist nichts, womit man prahlen kann", schreibt Steve. Prahlen vielleicht nicht, aber strahlen. Prahlen ist die hässliche, verzerrte Kopie eines wahrhaftigen, schönen Strahlens. Es geht also um das Echte, das Original. Ich begegnete Steve das erste Mal zur Aufzeichnung einer unserer TV-Sendungen. Sofort übertrug sich auf mich eine große Ruhe und Freude. Er lebt wie nur wenige, die ich kenne, eine echte Wertschätzung, die weder einer menschlichen Sozialkompetenz noch dem Knigge oder einem Erfolgsbuch für Firmenchefs entspringt, sondern einer übernatürlichen Kultur des Reiches Gottes: nämlich der Gnade, durch die man weiß, wer man ist und wer der andere ist. Und so strahlte mich Steve eben buchstäblich an! Willst du wie eine billige Neonröhre, grell und angestrengt, womöglich mit Wackelkontakt nervös umherblinken oder willst du stetig und leicht aus der Glut von Gottes leidenschaftlicher, ja, skandalöser Liebe zu dir leuchten und sein Licht weitergeben? Kurzum: Willst du strahlen statt prahlen? Dann lies dieses Buch. Och, nee, ist das wirklich nötig?! Muss es wirklich noch das xte Buch zum Thema Gnade geben? JA, es muss. Nicht nur, weil sich die gruseligsten Vorurteile und die ahnungslosesten Vorstellungen vom christlichen Glauben hartnäckig halten, sondern auch, weil ich unter Christen immer wieder eine beißende, oft stumme Sehnsucht nach dem Echten und Kraftvollen beobachte: „Da muss es doch noch mehr geben!“ Ich vermute, dass der Schlüssel dazu in der Gnade liegt, und ich ahne, dass es wirklich wichtig ist, diesen Schlüssel zu begreifen und zu ergreifen. Mit diesem Buch hast du erneut die Chance, dass eine Offenbarung in deinem Herzens bloßes theoretisches Wissen in deinem Kopf ablöst. Mach dich bereit, der Gnade in Person, Jesus Christus, ganz praktisch in den folgenden Zeilen und in der Bibel zu begegnen, aber auch in Menschen, von denen du es vielleicht nicht erwarten würdest. Zum Beispiel in einem „Pastor der etwas anderen Art, mit hippem Look und Tattoos, aber mit einer

Kultur des Himmels, die Zeichen und Wunder anzieht." – so wie Zuschauer Steve nach Ausstrahlung unserer Sendung beschrieben haben. Lass dich überraschen!

Sigrid Röseler,
Moderatorin von „ERF MenschGott",
ERF Medien e.V. in Wetzlar, Deutschland

Von Herzen kann ich das neue Buch von Steve „Skandal der Gnade" empfehlen. Es ist vollgepackt mit vielen wunderbaren Wahrheiten und Schätzen, die dich zu einer Begegnung mit Gott, dem Vater, und dadurch zu einem Leben in der Fülle einlädt. Steve schafft es, seine Erkenntnis so gut zu vermitteln, dass es super lesbar und verständlich ist. Des weiteren fordert er dich heraus, falsche Formeln in Bezug auf deine Gerechtigkeit abzulegen und allein auf die Formel «Jesus + nichts» zu setzen. Selbst Paulus sagte: Christus ist genug. Wenn Christus in dir genug ist, dann werden alle anderen falschen Formeln entmachtet.

Beim Lesen des Buches wurde ich wieder neu bewegt und ergriffen von der Gnade, die Gott uns in seinem Sohn Jesus geschenkt hat. Diese skandalöse Gnade kannst du dir nicht verdienen oder erarbeiten. Du kannst sie dir nur schenken lassen. Ein Geschenk, welches keine Ausrede für ein sündiges Leben ist, sondern vielmehr eine Einladung zu einem heiligen Leben. Ich hoffe, dass du selbst beim Lesen stark ermutigt wirst, in all dem zu leben, was Jesus für dich bezahlt hat.

Daniel Hascher,
Jugendreferent vom Glaubenszentrum e.V.

Steve Zschunke hilft dir in diesem Buch, eines der wichtigsten Themen im Leben eines Christen zu verstehen: Gnade! Dieses Buch wird dich befähigen, all das auszuleben, was Jesus für dich bereithält. Ein absolut empfehlenswertes Buch, das dich verändern wird!

Silvan Carabin,
Leiter der Supernatural Life Academy Aarau

Steve ist ein *Game Changer* für die deutsche Kirchenlandschaft. Er gibt sich nicht zufrieden mit dem „Normal" der breiten Masse, sondern er möchte das „biblische Normal": Zeichen, Wunder, Freisetzung, Nächstenliebe. An seinem Leben wird sichtbar, dass Gnade nicht nur Vergebung, sondern auch Befähigung ist. So geht er furchtlos mit Gott, führt viele Menschen zu Jesus und erlebt die Kraft des Heiligen Geistes. Er ist die faszinierende Kombination aus einem mutigen Evangelisten, visionären Kirchengründer und leidenschaftlichen Pastor. Jedes Mal, wenn er in unserer Kirche spricht, hinterlässt er bleibende Veränderung im Leben vieler und ich bin dankbar, diesen kraftvollen Erweckungsträger kennen zu dürfen. In diesem Buch stecken viele Prinzipien, die ihn zu dem gemacht haben, der er ist, also machen Sie sich auf eine Lebensveränderung gefasst.

David Rominger, Pastor
ICF Singen, ICF Villingen- Schwenningen

Impressum

Skandal der Gnade
von Steve Zschunke

71665 Vaihingen/Enz
eMail: verlag@grain-press.de
Internet: www.grain-press.de

1. Auflage

Satz: Grain-Press
Cover und Design: Maximilian Reingruber MR Creativity
Druck: CPI 25917 Leck

Bibelzitate sind, falls nicht anders angegeben, der NGÜ Übersetzung entnommen. Alle Hervorhebungen in den Bibelstellen durch den Autor.

Weitere verwendete Bibelübersetzungen:
GN - Gute Nachricht
SLT - Schlachter 2000
LUT - Lutherbibel 2017
ELB - ELberfelder Bibel 2006

Das Buch folgt den Regeln der Deutschen Rechtschreibreform. Die Bibelzitate wurden diesen Rechtschreibregeln angepasst.

ISBN 978-3-947454-17-4
Art. Nr. 3598517

Widmung

Ich widme dieses Buch meiner Tochter Amy Grace. Möge die Gnade Gottes dich täglich befähigen, wie Jesus zu leben! Ich liebe dich.

Wer Christus hat, hat genug.

Martin Luther (1483–1546)

Inhalt

Vorwort Uwe Meyer

Es ist schon erstaunlich, wie Gott in unserer Zeit Menschen berührt, um sie mit seiner Gnade bekannt zu machen. Nur allzu oft sind falsche oder religiöse Vorstellungen von Gottes Charakter in den Köpfen der Menschen und das auch bei Christen. Wir alle sind geprägt und haben uns ein Bild von Gott gemacht. Ich bin beeindruckt und begeistert, wie Steve es schafft, das Wesen und liebende Herz des himmlischen Vaters darzustellen. Es ist eine Reise, die durch sein eigenes Leben geht und immer wieder Halt macht an Stationen, bei denen wir alle etwas von seiner Geschichte lernen können.

Meiner Meinung nach ist das Christentum keine Religion, sondern eine lebendige Beziehung zu Vater, Sohn und Heiligem Geist. Steve stellt unsere Denkweise an manchen Punkten genau dort in Frage, wo wir noch glauben, dass das Christentum eine Religion wäre und wir Gott durch das Einhalten von Regeln und Disziplinen näher kommen oder sogar beeindrucken könnten. Gott kann man sich nicht verdienen - er hat sich selbst in Christus an die ganze Menschheit, ja sogar an den ganzen Kosmos verschenkt. Das ist die gute Botschaft, die wir durch das ganze Buch hindurch lesen, erforschen und durch authentische Zeugnisse sehen können. Steve ist ein Mann der Tat, der das, was er hört und versteht, direkt in seinem Alltag umsetzt und lebt.

In meiner Beobachtung des Christentums, vor allem in den letzten Jahren, liegt mir eine Sache besonders am Herzen. Unsere Jesus- Beziehung muss erlebbar sein. Es muss mehr sein als theologisches Wissen oder attraktiv, performte Gottesdienste. Es soll und darf unser ganzes Leben in Beschlag nehmen und erfüllen. Das geht nur, wenn wir selbst, die gute Botschaft der Gnade Gottes verstehen und aufhören mit unseren endlosen „Selbstheiligungs- und Selbsterlösungstripps". Noch nie waren die Menschen und Systeme unserer Gesellschaft so offen für Spiritualität wie jetzt. Lassen wir uns nicht täuschen von einer reichen, westlichen Welt, die scheinbar alles hat, nur weil sie viel besitzt. Der Grad der Verlorenheit, besonders in unserer westlichen Welt ist enorm hoch. Aus genau diesem Grund verstehe ich Steve's Buch weit mehr als eine weitere Abhandlung über Gnade, sondern vielmehr als ein Aufruf, das revolutionäre Evangelium der Gnade, als die einzige Antwort einer verlorenen Gesellschaft zu schenken. Wenn ich dieses Buch mit offenen Augen lese, dann bin ich dazu angespornt zu einem leidenschaftlichen Jesusnachfolger zu werden.

Ich kenne Steve und seine Frau Roswitha schon seid vielen Jahren. Einige Zeit haben sie bei Passion, unserem Dienst, mitgearbeitet. Es ist wunderschön ihre Entwicklung und Hingabe zu sehen. Ich kann dieses Buch mit ganzer Überzeugung empfehlen.

Uwe Meyer
Leiter von Passion in Schwäbisch Hall

Vorwort Conrad Max Gille

In den letzten paar Jahren bin ich bin immer wieder erstaunt. Erstaunt darüber, was Gott in unserer Zeit tut, obwohl es gar nicht so lange her ist, dass es nicht danach aussah. Einer der Gründe, warum wir ein immer stärker werdendes Auftreten von ganz normalen, übernatürlich lebenden und leidenschaftlichen Christen sehen, die sich nicht für das Evangelium schämen und Menschen radikal lieben, ist das Aufflammen des Evangeliums der Gnade. Eigentlich, wenn wir mal ehrlich sind, gibt es ja auch kein anderes Evangelium. Die gute Nachricht ist die Nachricht von Jesus Christus. Und er brachte „Gnade um Gnade aus Seiner Fülle" (siehe Johannes 1, 16).

Natürlich - wenn Gott anfängt etwas neu und frisch zu betonen - versucht der „Durcheinanderbringer" möglichst viel Unsicherheit, Kontroversen und Furcht in das Thema zu streuen, damit die eigentliche Kraft weggenommen wird. Die Botschaft wird verwässert, gesellschaftlich angepasst und auf ein menschlich verständliches und den Umständen angepasstes Niveau minimiert. Damit verliert sie ihre Schärfe und ihr Potenzial, Anstoß zu erregen, aber eben auch ihre Kraft. Wenn das Evangelium der Gnade menschlich verwässert wird, wird die Kraft des Kreuzes in ihrer sichtbaren Auswirkung zurückgehen. Denn das Evangelium ist keine menschliche Botschaft - es ist Gottes Botschaft! So ist es kein Wunder, dass es heutzutage, da Gott die wunderbare Kraft der Gnade neu offenbart, auch viel Unsicherheit darüber gibt. Worte wie „billige Gnade", „zu viel Gnade", „Gnade muss ausbalanciert werden", „Hyper-Gnade" etc. etc. schwirren in vielen Köpfen herum. Und ja, wie immer gibt es die, welche die Botschaft missbrauchen, für ihren eigenen Vorteil nutzen, missverstehen oder sogar ganz bewusst verdrehen. Doch all das war schon immer so und bei jedem kraftvollen göttlichen Thema zu beobachten. Man kann nur missbrauchen, was vorher brauchbar war. Also ist es weise bei kontroversen Themen, welche klar biblisch sind, aber voll mit Frucht und Verwirrung belegt sind, die Frage zu stellen: Was ist das Brauchbare dahinter? Das Echte wird immer gewinnen. Wer wirklich sucht, wird immer das Echte finden. Wer demütigen Herzens nach der Wahrheit fragt und bereit ist, sich verändern zu lassen, sowie seinen Intellekt nicht über Gottes Wahrheit stellt, wird immer die freimachende Wahrheit und göttliche Frucht erleben, die daraus folgt!

Gnade ist Gottes eigene freimachende und kraftvolle Befähigung, damit wir allein aus seiner Kraft leben und er so allein die Ehre bekommt. Die Zeiten der Angeberei, des Leistungsdrucks, des Wettbewerbs sind vorbei. Christus ist alles, und alles ist Gnade. Und ja, wenn wir denn unbedingt angeben wollen, dann mit Christus selbst und dem, was er vollbracht hat! Und genau das macht Steve mit diesem Buch, welches Du, lieber Leser, in den Händen hältst. Ich bin sehr froh über solche Stimmen wie die von Steve Zschunke! Er reiht sich ein in eine ganze Armee von solchen, die ein reines, biblisch fundiertes und durch Erfahrungen (Frucht) bestätigtes echtes Evangelium leben.

Diese Stimmen wurden in den letzten Jahren immer lauter, immer sichtbarer und ihre Frucht immer deutlicher. Vor gar nicht so langer Zeit waren sie oft geächtet und abgelehnt, doch in diesen Tagen ist es kaum noch aufzuhalten. Und während Steve sich einreiht in diese Armee, sticht er doch heraus, geht er doch voran und bahnt einen Weg für Viele als ein kraftvolles Vorbild, welcher lebt, was er glaubt! Es ist wunderbar zu sehen, wie kindlicher Glaube, Mut, Leidenschaft und Risikobereitschaft sich mit einem Hunger nach einem felsenfesten Fundament in der Schrift ausstrecken, um dem Leser die Tiefe und Freiheit der Guten Nachricht und deren Auswirkungen auf alle Lebensbereiche deutlich zu machen.

Well done, Steve! Mit diesem Buch ruft Steve Zschunke die freimachende, heilende Botschaft der Gnade in Jesus Christus aus. Er schafft es, mit einem spannenden Erzählstil, mit tiefen Einsichten im Wort und persönlichen Erfahrungen den Leser zu fesseln und lädt ein, auf dieser Seite des Kreuzes zu leben. Ich bin begeistert. Und ich denke, Du wirst es auch sein. Die Botschaft der Gnade lässt Freude und Leidenschaft mehr auflodern, verankert uns tiefer denn je in der ersten Liebe und gibt uns einen Grund, alles zu geben für Jesus. Tauche ein in diese herrliche Botschaft! Versinke in der freimachenden Wahrheit! Erlaube Gottes Licht, Dich zu durchfluten und wisse am Ende: Nicht weil ich so toll war, konnte Gott handeln. Nein, sondern weil Gott so toll ist, deshalb konnte ich handeln! Alles von und durch IHN: JESUS CHRISTUS!

Conrad Max Gille,
Gründer und Leiter von Face to Face,
Autor von „Freiheit ruft“

„Einführung

Hast du schon einmal für etwas gearbeitet und dir alle Mühe gegeben, um es zu besitzen, obwohl es dir schon längst gehört? Natürlich nicht. So etwas macht keiner. Niemand arbeitet für etwas, das ihm längst gehört. Und obwohl wir alle zustimmen, dass das nicht wirklich schlau ist, ist das bei vielen Menschen die gängige Praxis. Dieses Leben der falschen Anstrengungen hält mich davon ab, das zu genießen, was mir längst gehört. Letztendlich führt es auch zu Frust, da viele Bemühungen schlichtweg dem Boxen gegen ein Schattenbild gleichen.

Die Gute Nachricht ist, dass wir etwas geschenkt bekommen haben! Jetzt dürfen wir es auspacken und entdecken. Dieses Geschenk war Christus selbst, die Verkörperung der Gnade. Wir leben in einem Neuen Bund mit herrlichen Verheißungen und entdecken ein neues Leben in Christus.

> *„Denn Christus ist das Ende des Gesetzes zur Gerechtigkeit für jeden, der glaubt“.* (Römer 10,4)

Sobald jemand die Entscheidung trifft, Jesus Christus als Herrn seines Lebens anzunehmen, ist das für diese Person das Ende des Gesetzes. Ihre Gerechtigkeit erfolgt nicht mehr durch das Gesetz. **Das Gesetz sagt: „Du musst das und das tun, und immer wieder tun, die ganze Zeit." Die Gnade sagt: „Ein anderer hat das für dich getan."** Das Gesetz ist klar. Wer durch das Gesetz gerecht sein möchte, muss alles zu 100% tun, was das Gesetz sagt. Wenn du das schaffst, brauchst du die Gnade nicht; was wiederum bedeuten würde, du bräuchtest Jesus nicht. Du glaubst mir nicht?

Schauen wir uns einmal eine andere Stelle in der Schrift an.

1. Petrus 1, 10-12 (ELB)

Im Hinblick auf diese Rettung suchten und forschten Propheten, die über die an euch erwiesene Gnade weissagten. Sie forschten, auf welche oder auf was für eine Zeit der Geist Christi, der in ihnen war, hindeutete, als er die Leiden, die auf Christus kommen sollten, und die Herrlichkeiten danach vorher bezeugte. Ihnen wurde es offenbart, dass sie nicht sich selbst, sondern euch dienten im Blick auf das, was euch jetzt verkündet worden ist durch die, welche euch das Evangelium verkündigt haben im Heiligen Geist, der vom Himmel gesandt ist, in welche Dinge Engel hineinzuschauen begehren.

Im Alten Bund forschten und suchten die Propheten etwas, das wir jetzt ergreifen und in dem wir wandeln können: Die Gnade unserer Erlösung! Jesaja weissagte Jahre vor Christus:

Jesaja 53, 3- 5 (ELB)

Er war verachtet und von den Menschen verlassen, ein Mann der Schmerzen und mit Leiden vertraut, wie einer, vor dem man das Gesicht verbirgt. Er war verachtet, und wir haben ihn nicht geachtet. Jedoch unsere Leiden – er hat sie getragen, und unsere Schmerzen – er hat sie auf sich geladen. Wir aber, wir hielten ihn für bestraft, von Gott geschlagen und niedergebeugt. Doch er war durchbohrt um unserer Vergehen willen, zerschlagen um unserer Sünden willen. Die Strafe lag auf ihm zu unserm Frieden, und durch seine Striemen ist uns Heilung geworden.

Er bezeugte und prophezeite etwas, von dem er nicht wussten, wann es eintreten würde. Wir leben jetzt in der Realität der Prophezeiungen der Propheten, wie auch Jesaja einer war! Selbst Engel staunen und wundern sich über die Güte und das unfassbare Werk am Kreuz, welches Jesus Christus vollbracht hat. Christus erfüllte das Gesetz und eröffnete uns einen neuen Weg zur Gerechtigkeit vor Gott. Sobald du Glauben ausübst, um die Errettung in Jesus Christus zu erlangen, ist dies das Ende des Gesetzes als Mittel zur Erlangung von Gerechtigkeit.

„Denn alle Propheten und das Gesetz haben geweissagt bis auf Johannes." (Matthäus 11, 13 ELB)

Wenn das Gesetz und die Propheten bis auf Johannes geweissagt haben, dann muss man zu dem verheißungsvollen Schluss kommen, dass danach die Realität einsetzte, von der das Gesetz und die Propheten sprachen! Das Gesetz und die Propheten prophezeien also eine Realität, in der wir jetzt leben. Nachdem Jesus erklärt hat, dass mit

Johannes dem Täufer eine ganze Zeitepoche zu Ende geht und somit eine Realität anfängt, auf die alle gewartet haben, machte Jesus eine interessante Aussage.

Matthäus 11, 15- 19 (STB)

Wer Ohren hat zu hören, der höre! Wem soll ich aber dieses Geschlecht vergleichen? Es ist Kindern gleich, die an den Marktplätzen sitzen und ihren Freunden zurufen und sprechen: Wir haben euch aufgespielt, und ihr habt nicht getanzt; wir haben euch Klagelieder gesungen, und ihr habt nicht geweint! Denn Johannes ist gekommen, der aß nicht und trank nicht; da sagen sie: Er hat einen Dämon! Der Sohn des Menschen ist gekommen, der ißt und trinkt; da sagen sie: Wie ist der Mensch ein Fresser und Weinsäufer, ein Freund der Zöllner und Sünder! Und doch ist die Weisheit gerechtfertigt worden von ihren Kindern.

Jesus läutet mit sich eine neue Zeit ein und benützt den Vergleich zwischen dem letzten Propheten des Alten Bundes (Johannes) und sich selbst, durch welchen der Neue Bund eingeläutet werden sollte. Um diesen Wechsel zu erklären, benützt Jesus das Beispiel der Kinder. Sie singen und pfeifen, aber keiner tanzt. Sie spielen Klagelieder und niemand weint. Dann spricht er von Johannes dem Täufer, der nicht aß noch trank und als besessen beschimpft wurde und von sich, der im Gegenzug zu Johannes mit den Sündern gleichgestellt wird.

Jesus beschreibt hier zwei Zeitepochen. Oder sollten wir besser zwei Bündnisse sagen? Johannes der Täufer, der nicht aß und trank und Jesus, welcher isst und trinkt. Unter dem „Alten" wurden Klagelieder gesungen, aber niemand hatte geweint und geklagt. Doch die „Zeit“ der Trauer ist zu Ende. Nun kommt Jesus, welcher isst und trinkt! Aber obwohl gesungen und gepfiffen wird, tanzt niemand! Wir leben in dieser Zeit, in der Zeit der Gnade, der guten Botschaft, des wahren Evangeliums. Wer es erkennt, darf tanzen! Doch leider sehen nicht sehr viele Christen glücklich aus, noch tanzen sie vor Freude. Jesus deckt die Unfähigkeit der Hörer auf und hilft ihnen, zwischen den beiden Bündnissen zu unterscheiden! Es ist wie bei dem Spiel „Stille Post“. Schon mal gespielt? Vielleicht kannst du dich an dieses Spiel aus deiner Kindheit erinnern, bei dem sich die Teilnehmer einen Satz oder ein Wort leise ins Ohr flüstern, bis der letzte es laut vor allen wiederholt. Erinnerst du dich? Bei uns kam zu 98% immer etwas total anderes heraus, als zu Anfang eingegeben wurde. Ist es nicht interessant, dass die zehn Gebote bis zur Zeit Jesu auf 613 Gesetze angewachsen waren, die die religiösen Führer drumherum gebastelt hatten? (Hatten diese Führer ebenfalls nicht richtig gehört?)

Dasselbe passiert uns auch immer wieder. Wir haben nicht verstanden, was wir längst durch Christus bekommen haben. Wir leben auf dieser Seite des Kreuzes, nicht vor dem Kreuz.

> *Denn durch Mose wurde uns das Gesetz gegeben, aber durch Jesus Christus sind die Gnade und die Wahrheit zu uns gekommen.* (Johannes 1,17)

Gnade und Wahrheit kamen durch Jesus!

„Gnade ist das, was Gott uns umsonst gibt und wir im Glauben annehmen, ohne dass wir etwas dafür geleistet oder es verdient hätten. Des Weiteren ist sie die Fähigkeit, das Unmögliche zu tun!“ Erweckung beginnt, wenn wir entdecken, was Jesus für uns getan hat. Aber Erweckung wird anhalten, wenn wir verstehen, was er an uns getan hat. Deshalb dreht sich ein großer Teil dieses Buches um Gnade. Das Gesetz wurde zwar gegeben, doch Gnade und Wahrheit kamen durch Jesus Christus zu uns. Diese Gnade, die Jesus uns durch seinen Tod am Kreuz erwies, möchte uns zum Leben erwecken. Gemeinsam wollen wir erforschen, was mit uns passierte, als Gnade in Form von Jesus Christus in unser Leben kam und zu was sie uns bevollmächtigt.

Dieses Buch möchte dir einen Einblick bieten, was wirklich am Kreuz geschah und was mit dir passieren kann, wenn du Jesus dein Leben hingibst. Du lernst einen mächtigen Gott kennen, der sich nicht übernatürlich hinter dem Wort versteckt, sondern in seiner natürlichen Form Wunder tut, und dass diese nicht vor 2000 Jahren aufgehört haben. Dazu erfährst du von dem vollständigen Werk am Kreuz und wie Christus durch das Kreuz für jede Not, die dir begegnen kann, Vorsorge getroffen hat. Du wirst entdecken, dass das Kreuz die einzige Quelle des „Übernatürlichen“ bzw. des „normalen“ Christseins ist. Du wirst lernen, wie man inmitten einer gefahrvollen und unsicheren Welt im Glauben leben kann. Dieses Buch soll dir helfen, in der Salbung zu laufen, um somit ein Leben in der Herrlichkeit Gottes zu führen. Entdecke, wie einfach es ist, Glauben für das Unmögliche zu haben und es mit eigenen Augen möglich werden zu sehen.

Mit anderen Worten: „Obwohl uns gepfiffen wurde, haben wir versäumt zu tanzen." Jetzt ist Zeit zu tanzen!!

Psalm 126

Als der Herr uns aus der Gefangenschaft nach Zion zurückkehren ließ, da war es uns, als träumten wir. Wir lachten und jubelten laut vor Freude. Sogar unter den anderen Völkern sagte man: »Der Herr hat Großes für sie getan!« Ja, Großes hat der Herr für uns getan, darum freuen wir uns sehr!

"Zeugnisse

Nach jedem Kapitel wirst du ein Zeugnis finden. Hier möchte ich nicht Zeugnisse von Gottes Wirken in Afrika oder sonstwo schildern, sondern in den Ländern, in denen ich unterwegs war, und ganz speziell in Europa. Die meisten Zeichen und Wunder habe ich selbst erlebt, als ich für Menschen betete und mit ihnen Zeit verbrachte. Lass dich inspirieren, die gleichen Wunder in deiner Situation oder durch dein eigenes Leben zu erfahren!

„Das Zeugnis Jesu ist der Geist der Prophetie" (Offb 19,10). Jedes Zeugnis ist eine prophetische Deklaration, die die Atmosphäre erfüllt. Es ist eine Einladung, die geschilderte Begegnung selbst zu erfahren.

Sein Leben prophezeit unser Erbe!

„Deine Zeugnisse sind mein Erbe für ewig…" (Psalm 119,11). Zeugnisse sollen uns als Erbe dienen und genauso ist es mit dem Leben Jesu.

Sein Leben prophezeit auf das hin, was Gott durch uns tun möchte.

Gott schärfte seinem Volk im Alten Testament immer wieder ein, von den großen Dingen zu reden, die er für sie getan hatte. Der Ursprung hinter dem Wort Zeugnis bedeutet, „etwas wieder tun". Unser Zeugnis macht es damit zu einem prophetischen Geschehen: Gott will es wieder tun! Wenn wir von den Dingen erzählen, die Gott in unserem Leben getan hat, wird mehr Glaube, mehr Erwartung und mehr Kraft freigesetzt, sodass es wieder und wieder passieren wird.

Sei ermutigt durch diese Zeugnisse. Erwarte Gottes Eingreifen in deiner Situation und in deinem Alltag, denn bei ihm gibt es kein Ansehen der Person – alle sind gleich vor ihm!

„Meine Geschichte

Ich hatte das Privileg, in einer christlichen Familie aufzuwachsen. Bei meiner Taufe entschieden sich meine Eltern, mit Jesus zu leben. Ich wuchs in den verschiedensten Sonntagsschulen und Gebetskreisen auf und lernte sehr schnell, vom Heiligen Geist Bilder und Visionen zu empfangen.

Es fiel mir immer leicht, Freunde zu finden und den Coolen zu spielen. Ja, ich hatte Erfolg in der Schule, im Sport und bei den Mädels. Doch nichts von alledem war irgendwie schuld daran, dass ich mich ständig vergleichen musste und tiefe Minderwertigkeitsprobleme hatte. Alles schien doch super zu laufen, die Welt mochte mich. Ich war beliebt. Doch tief in meinem Innern verspürte ich, dass es mir nicht genügte, beliebt und erfolgreich zu sein. Alle wussten, dass ich Christ bin, doch es interessierte niemanden, außer dass sie mit dem Kopf nickten, wenn ich ganz selbstbewusst meinen Status bekanntgab. Was wäre, wenn wir all unsere religiösen Schuldgefühle tatsächlich hinter uns lassen und ein Leben in Freude führen könnten? Wenn wir mit Gott eine so enge Gemeinschaft hätten, als würde er mit uns in einer Haut stecken? Wenn wir einfach so leben könnten, als wären wir wir selbst und als würde Christus gleichzeitig durch uns leben?

Das würde bedeuten, dass wir uns nicht mehr ständig selbst analysieren und unsere Geistlichkeit messen müssten.

Nicht das Gesetz Moses hielt mich innerlich gefangen, sondern meine eigene moderne Form des Gesetzes, die ich auszuleben versuchte. Es gab Bedingungen, um Gottes Gunst zu erlangen.

Du sollst ...

- ... deine Bibel lesen,
- ... Stille Zeit machen, mindestens eine Stunde am Tag,
- ... anderen vom Glauben erzählen,
- ... dich in der Gemeinde einbringen
- ...und vieles mehr.

An diesen Dingen ist nichts Schlimmes, im Gegenteil, heute liebe ich sie, doch zu dieser Zeit stellten sie einen Maßstab dar, an dem ich meinen Wert und meine Stellung bei Gott abzulesen versuchte. Sie dienten als Spiegel, der mir sagte, was ich tun musste, damit meine Beziehung zu Gott in Ordnung war. Das „Erlösungswerk Jesu" hatte ich bereits in Anspruch genommen, doch es schien nur in den Himmel zu reichen. Durch meine Anstrengung, dachte ich mir, würde ich mir dort oben einen super Platz verdienen können. Ich ließ Jesus nur einen Teil seines Todes an mir vollbringen, die Fahrkarte in den Himmel. Doch die Ewigkeit mit ihm zu verbringen, ist nur ein Teil des Lebens, zu dem wir berufen sind. **Es geht nicht nur darum, in den Himmel zu kommen oder den Himmel auf die Erde zu bringen, sondern darum, dass der Himmel das wieder in Besitz nimmt, was verloren war. Er möchte dich heute von dir selbst erlösen, sodass du hier und heute schon Ewigkeit leben kannst, den Himmel auf Erden! Das ist unsere Berufung.**

Wenn wir unzufrieden oder zum Stillstand gekommen sind, besteht der einzige wirkungsvolle Weg zu Erfüllung und Wachstum darin, dass wir tief im Wort Gottes graben, um die echten Antworten zu finden, die unser Denken verändern. Denn schließlich beeinflusst unser Denken unser Handeln, und unser Handeln beeinflusst unser Sein.

> Viele Christen wandeln immer noch in alttestamentlicher Gebundenheit. Sie betrachten das Gesetz als göttliche Ordnung, deren Anweisungen wir zu befolgen haben, und betrachten sich durch die Einhaltung als tauglich und bereit, die Erfüllung des Gesetzes als natürliche Pflicht auf sich zu nehmen.
>
> (Andrew Murray, 1828–1917)

Wenn wir Jesus von Herzen lieben, werden wir seine Gebote halten (vgl. Johannes 14,15). Stell dir nur einmal vor, das ganze Gesetz wäre in unser Herz geschrieben. Alle Speiseopfer, Kleiderordnungen und andere Regeln würden, wie einst bei den Israeliten, unsere Gedanken überschwemmen. Doch der Neue Bund ist einfach, simpel, es dreht sich alles um Jesus! Wenn ich ihn liebe, möchte ich nicht morden und stehlen und ich begehre nicht jemandes Frau. Natürlich ist dies ein täglicher Kampf, der Sünde abzusagen und Jesus zu wählen. Gott mit unserem ganzen Sein zu lieben, bedeutet auch, es mit unserem ganzen Verstand zu tun. Wir müssen zulassen, dass unsere Gedanken erneuert werden, dann wird unsere Hand uns auch nicht in Sünde führen. Es ist eine normale Schlussfolgerung: Gott liebt uns bedingungslos, wir lieben ihn, und die natürlichste Folge ist, dass wir die Menschen um uns herum lieben. Wir können diese göttliche Liebe gar nicht für uns behalten!

Hebräer 8,6

Der Dienst hingegen, der Jesus übertragen wurde, ist von unvergleichlich größerer Bedeutung. Jesus ist ja auch der Vermittler eines viel besseren Bundes, der sich auf Zusagen stützt, die viel weiter reichen.

Den viel besseren Bund finden wir in Jesus, indem wir durch das Kreuz gehen und die Gemeinschaft mit Gott leben, die er vor Grundlegung der Welt für uns Menschen angedacht hatte. Brauche ich Glauben, um Regeln zu befolgen? Eigentlich nicht. Doch ist uns Rettung verheißen, wenn wir an Jesus Christus glauben, welcher Gottes Sohn ist und den Weg zum Vater durch seinen Tod für die Menschheit freigemacht hat. Viele Gläubige haben mehr Glauben in ihre Werke und in das Halten des Gesetzes als in ihren Erlöser. Interessanterweise wurden alttestamentliche Gläubige auch nur durch Glauben gerechtfertigt. Abraham wurde zum Beispiel gerecht gesprochen, weil er sein Vertrauen auf Gott und auf den kommenden Messias gesetzt hatte (siehe Römer 4,13). Vor Gott gerecht zu sein, hat also gar nichts mit dem Gesetz zu tun, sondern allein mit seinem Sohn.

2. Korinther 5,21; (ELB)

Den, der Sünde nicht kannte, hat er für uns zur Sünde gemacht, damit wir Gottes Gerechtigkeit würden in ihm.

In Christus sind wir gerecht.

Römer 5,1

Nachdem wir nun aufgrund des Glaubens für gerecht erklärt worden sind, haben wir Frieden mit Gott durch Jesus Christus, unseren Herrn.

Aus diesem Grund kann zwar der strengste gesetzlichste Mensch, den du kennst, einen Anschein von moralischen Werten aufweisen, aber Gesetzlichkeit tut sich schwer, Liebe hervorzubringen. Das Gesetz wird nur den Zeigefinger heben, wenn du versagt hast. Suchst du Liebe, Annahme und Ermutigung, dann bist du beim Gesetz falsch. Das Leben in einer Gesetzesmentalität gleicht einem Sklavendasein unter einem Herrn, bei welchem die Arbeit nie ausgeht. So sehr wir uns auch anstrengen, wir werden ihn nie zufriedenstellen. Jakobus schreibt:

Jakobus 2,10 (LUT)

Denn wenn jemand das ganze Gesetz hält und sündigt gegen ein einziges Gebot, der ist am ganzen Gesetz schuldig.

Es ist paradox, wenn wir Christen Teile des mosaischen Gesetzes als Wegweiser für unser Leben übernehmen. Wir meinen, Gott würde uns in erster Linie nach Leistung benoten. Doch beim Gesetz gibt es kein „Ich werde mein Bestes versuchen“. Es ist ein System, in dem wir entweder ganz bestehen oder durchfallen. Bereits ein Fehler bedeutet, dass du draußen bist. Das fühlt sich nicht richtig an, oder? Es fühlt sich nach Gefangenschaft an, in der jeder deiner Schritte überwacht wird.

Ich war zum Glück noch nie im Gefängnis, doch die Bibel beschreibt den Alten Bund als solches und das Gesetz als Aufseher, der dich täglich überprüft und darauf achtet, dass du nicht ausbrichst. Du wirst ständig daran erinnert, dass du schuldig bist. Keine Ermutigung und keine Zusprüche. Mit seinem vollkommenen Maßstab wirft es uns zu Boden, damit wir die Lösung ausrufen – Jesus! Paulus drückt es so aus: *„Das Gesetz führte uns zu Christus."* Wie macht es das? Indem es uns zeigt, dass wir geistlich tot sind und neues Leben brauchen.

Galater 3,23-25

Doch bevor die Zeit des Glaubens begann, wurden wir alle zusammen unter der Aufsicht des Gesetzes in Gewahrsam gehalten; unsere Gefangenschaft sollte erst ein Ende haben, wenn Gott uns den Weg des Glaubens eröffnen würde. Das Gesetz war also unser Aufseher, unter dessen strenge Hand Gott uns gestellt hatte, bis Christus kam; denn es war Gottes Plan, uns auf der Grundlage des Glaubens für gerecht zu erklären. Und jetzt, wo die Zeit des Glaubens da ist, stehen wir nicht mehr unter der Kontrolle jenes Aufsehers.

Wenn ich heute zurückblicke, denke ich: „Kein Wunder, jeder kann behaupten er sei Christ, doch die Menschen beobachten dein Handeln, wie du redest und wie du dich benimmst." Demnach war ich nicht anders als irgendeine Person, die Gott nicht kennt. **Die Welt liest nicht die Bibel,**

sie liest die Christen. Mein Leben wurde ein Spagat, das heißt, ich versuchte einerseits, hundert Prozent im christlichen Bereich zu geben, und andererseits, nichts zu verpassen. Egal, ob es die Gemeinde, christlichen Pfadfinder, Freizeiten oder christliche Konzerte waren, ich war dabei! Doch alle forderten stillschweigend dasselbe von mir: Du musst dich neu hingeben, neu entscheiden, verändern lassen. Du musst noch ein bisschen mehr tun. Sei mit dir nicht zufrieden. Bleib nicht stehen. Man kann immer noch ein bisschen mehr für Gott tun. Die Welt im Nacken und die Hölle als Druckmittel brachten mich an meine Grenzen. Ich wusste, dass das, was ich lebte, nicht gerade attraktiv war. Auch brauchte ich niemandem von Jesus erzählen, obwohl es wie ein Zwang war, weil es sonst kein erfolgreicher Tag gewesen wäre.

Keiner hatte eine Ahnung, was mich alles bedrückte, denn ich ließ mir nichts anmerken. Ich versuchte, immer der tolle Christ zu sein, doch andere waren immer besser als ich. Das Vergleichen hielt bis zum späten Pubertätsalter an. Dieses Vergleichen war wie ein Treiber, der keine Ruhe ließ. So beschloss ich, auf geistlichem Gebiet nicht mehr länger mittelmäßig zu sein, sondern mir Gottes Respekt und auch den der Menschen um mich herum zu erwerben. Ich fing an, Bücher zu wälzen und täglich zwei bis drei Predigten zu hören. Aber nichts half. Ich bekam nicht den Beifall, den ich mir erhofft hatte. Irgendetwas lief schief ! Es gab wohl einige, die mich schätzten und Beifall spendeten, doch die sahen nur das Ergebnis: das Bibelwissen und die tollen Sprüche. Doch was tief in meinem Herzen vor sich ging, sah nur Gott allein. Der Spagat wurde immer größer und der Abstand zwischen den beiden Bereichen, in denen ich zu leben versuchte, ebenfalls. Nach außen hin versuchte ich stets, ein glückliches, christliches Grinsen aufzufahren, doch innerlich war ich zerrissen. Am Wochenende auf Trinkgelage und Partys abzuhängen, samstagnachts erst spät heim, um dann am Sonntagmorgen verschlafen in den Gottesdienst zu müssen, das war einige Monate lang Realität für mich. Ich fing an, mich von Menschen beeinflussen zu lassen, die extrem in der rechten Szene unterwegs waren, und schnell gewann ich dort Ansehen und Anerkennung. Parolen und Schlägereien kamen jetzt noch zu diesem versteckten, ach so tollen Leben hinzu. Dennoch ging ich jeden Abend zu Bett und bat den „lieben Gott" um Vergebung, damit ich in Frieden schlafen konnte, um am nächsten Tag wieder dasselbe zu tun. In dieser ganzen Zeit beteten viele Menschen für mich, dass Gott mir begegnete und ich zu seiner Ehre lebte. Eines Abends riefen meine Eltern mich und meine Geschwister ins Wohnzimmer. Sie erzählten uns von ihren Begegnungen mit Gott und baten uns um Vergebung für die Fehler, die sie bei unserer Erziehung gemacht hatten und dass sie uns bisher kein nachahmenswertes Leben vorgelebt hatten. Doch dies sollte sich nun ändern.

Dieses Wohnzimmer wurde zu einer Erweckungsstätte. Viele Freunde und Verwandte kamen in den nächsten Wochen und Monaten, um mit dem Heiligen Geist gefüllt zu werden und um Gebet für ihre Gebrechen zu erhalten. So sahen wir wöchentlich, wie Füße auf die gleiche Länge wuchsen, Allergien verschwanden, Schmerzen sich auflösten, die Taufe im Geist ausgegossen und Menschen errettet wurden. Doch nichts änderte sich an meinem Lebensstil. Es war großartig zu sehen, zu was Gott in der Lage war, doch es hatte keinen Einfluss auf mein privates Leben.

Meine Eltern trafen dann die Entscheidung, mich für ein christliches Seminar anzumelden. Ich weiß bis heute noch nicht, warum ich zusagte, doch ich tat es. Meine Schwester und mein Freund, der bald darauf mein Schwager wurde, begleiteten mich. Wir hatten einen starken ersten Abend und ich merkte, es gibt tatsächlich Menschen, die Gott hingegeben leben.

Während der Anbetung hatte ich das Empfinden, meiner Schwester sagen zu müssen, dass es mir leid täte, wie ich sie über die Jahre hinweg behandelt hatte, und dass ich als Bruder kein Vorbild gewesen sei. Ich wusste nicht warum, doch ich gehorchte dem inneren Drängen. Mit Tränen im Gesicht hielt ich meine Rede und sie verzieh mir.

Mein Freund Matze und ich schliefen außerhalb des Seminarraumes in einem Hotel im benachbarten Dorf. Ich schlief schnell ein, doch ich konnte meinen Ohren nicht trauen, was ich am nächsten Morgen zu hören bekam. Nein, ich hatte nicht geschnarcht. Matze hatte gesehen, wie sich ein Dämon in unsrem Zimmer manifestierte. Bis zu diesem Zeitpunkt wusste ich nicht, dass es so etwas wirklich gab, und Angst und Schrecken kamen über uns. Wir gingen damit schnell zu unserem Seminarleiter, der mit weit geöffneten Augen zu uns sagte: „Wow, okay, in Offenbarung 12,11 (ELB) heißt es: *„Und sie haben ihn überwunden wegen des Blutes des Lammes und wegen des Wortes ihres Zeugnisses, und sie haben ihr Leben nicht geliebt bis zum Tod!"*

So gingen wir am nächsten Abend vorsichtig zurück in unser Hotelzimmer mit dem Auftrag, vor dem Einschlafen gemeinsam ein Gebet zu sprechen, damit der Dämon kein Anrecht mehr hatte. Ich las noch kurz die Bibelverse, die im Laufe des Tages bei den Seminaren behandelt worden waren, als Matze in tiefen Schlaf versank. Na toll, dachte ich, machte das Licht aus und betete für mich allein. Plötzlich kroch solch eine Angst in den Raum, dass ich mich nicht einmal mehr traute, ein Körperteil zu bewegen. Ich war wie gelähmt vor Angst. Dann sah ich ihn, genau vor meinem Bett, das scheußliche Vieh. Mein ganzes Leben ratterte rauf und runter und ich dachte, er käme, um mich zu holen. Ich würde in die Hölle gehen und nicht einmal mehr Adieu sagen können.

Ich versuchte, die Bibelverse gegen den Dämon zu verwenden, die ich noch wenige Minuten zuvor gelesen hatte, doch nichts half. Im nächsten Moment ging das Licht im Flur an. Jetzt muss es vorbei sein, dachte ich. Mit dem Licht wurde auf einmal alles hell und Jesus in Person, in Weiß gekleidet und mit einer Kippa auf dem Kopf, kam in den Raum und setzte sich auf mein Bett. Ich spürte, wie sich die Matratze senkte, als er sich auf die Kante meines Bettes niederließ. Die Angst, die mich lähmte, verwandelte sich in Gottesfurcht und ich konnte mich wieder nicht bewegen.

Doch diesmal stand der Dämon selbst wie angewurzelt da. In meinem Kopf ging so vieles vor sich. War dies ein Kampf zwischen Himmel und Hölle um meinen Leib oder was ging hier vor sich? Mein Mund öffnete sich, und das einzige, was ich sagen konnte, war nicht: „Danke, Jesus, dass du da bist und mich rettest. So schön dich zu sehen!" Nein. Ich wünschte, ich hätte das gesagt. Stattdessen sagte ich zu Jesus: „Hey, mach mal den Dämon weg." Jesus sah mich mit seinen kristallklaren Augen an und sagte zu mir: „Mein Sohn, hierfür bin ich nicht gekommen, das ist deine Aufgabe!" Ich dachte, na toll und was jetzt?! Ich hab es doch schon mit der Bibel versucht!

Jesus blickte mich an und sagte: „Sohn, ich habe dir Vollmacht gegeben, sprich ein Wort!“ Also tat ich es und sagte: „Geh!“ Und es geschah, wie ich gesprochen hatte, der Dämon verschwand. Dann wandte sich Jesus wieder zu mir und redete über meine Identität, wie er mich sah und was er von mir hielt. Ich war erstaunt, denn jedes Wort von ihm fühlte sich an, als würde ich unter einem Wasserfall stehen, welcher alle Lüge und allen Dreck abwusch.

Ich fühlte mich wie neu geboren, so rein und aufgebaut. Dann stand er auf, das Bett hob sich wieder. An der Tür drehte er sich noch einmal um und sagte: „Wir werden für immer zusammen sein!“ Dann ging er den Flur hinab, das Licht ging aus und es herrschte Totenstille. Von draußen durch das Fenster konnte man noch Partymusik hören, doch ich lag hellwach in meinem Bett und weinte vor Freude. „Neu geboren, ich wurde gerade neu geboren. Danke, Jesus, für diese Chance, ich möchte mein ganzes Leben für dich leben“, war mein ständiges Gebet, bis ich gefühlte drei Stunden später wieder einschlief.

Am nächsten Morgen war ich der erste von uns beiden, der aufwachte. Ich weckte Matze, der neben mir schlief, und erzählte ihm, was in der Nacht geschehen war. Erstaunt meinte er: „Ja, ich dachte noch, warum macht der Kerl so spät in der Nacht das Licht an und lässt es so lange brennen?“ Ich erklärte ihm, dass dem nicht so gewesen sei, sondern dass das Licht der Welt unser Zimmer erhellt hatte.

Wir beide waren so aus dem Häuschen, dass wir gleich beim Frühstück allen von unserer Begegnung mit Jesus erzählten. Seit dieser Begegnung hat sich alles verändert. Es gibt keine Kompromisse mehr. Völlig ausverkauft für ihn. Nach diesem Seminar gingen wir zurück in unsere Gemeinde und erlebten eine Heimsuchung Gottes unter den Jugendlichen. Menschen wurden errettet und kamen zur Jugendstunde, Befreiungen und Heilungen geschahen und das Wort Gottes öffnete sich uns. Dies wurde zum Alltag und zu meinem normalen Leben. Es sollte nie wieder anders sein. Jesu Worte, er sei immer bei mir, wurden bestätigt, er nahm Wohnung in mir!

"Zeugnis

Im Supermarkt unterwegs zu sein, bedeutet nicht, dass Gott nicht zwischen Fleischtheke und Gefrierschränken wirken möchte. An einem Samstag ging ich ganz normal einkaufen, um den Wocheneinkauf zu vervollständigen. Genussvoll flitzte ich mit dem Einkaufswagen durch die Reihen, bis mir eine Frau auffiel, die an Krücken hinter einem Regal verschwand. Ich pirschte mich langsam an und stellte mich der Frau höflich vor. Sie kam frisch aus dem Krankenhaus und hatte eine Operation hinter sich. Ihr ganzes Bein war noch so angeschwollen und schmerzempfindlich, dass sie die Gehhilfen brauchte. Sie erzählte mir kurz, was passiert war, und ich fragte sie, ob ich für sie beten dürfe, da ich schon etliche Heilungen erlebt hätte. Sie sagte: „Natürlich!", obwohl sie mit Gott nichts am Hut hatte. Nachdem ich vorsichtig meine Hand auf ihren Fuß gelegt und ein kurzes Gebet von ungefähr zehn Sekunden gesprochen hatte, fragte ich sie, was sie spüren würde. „Nichts", erwiderte sie. „Schade, dann bete ich eben noch einmal." Sie wehrte ab: „Nein, nein." Ernüchterung und ein wenig Frust stiegen in mir hoch, doch dann schilderte sie mir mit Tränen in den Augen, was gerade abging. „Alle Schmerzen sind verschwunden und ich kann mein Bein wieder belasten." Wow, danke Jesus! Ich erklärte ihr, dass nicht ich sie geheilt hätte, sondern Jesus Christus, der gekommen sei, um sowohl ihre körperlichen Schmerzen als auch den Schmerz in ihrem Herzen zu heilen. Er ist ein lebendiger Gott, der mit jedem Menschen in Beziehung leben möchte. Zwischen Fleischabteilung und Kühlregal wurde diese Frau von Gottes Kraft berührt und konnte gar nicht anders, als dieser Liebe entgegenzutreten und Jesus Christus als Herrn in ihrem Leben aufzunehmen. Halleluja!

Das Evangelium ist so einfach und wir können ein Segen sein, wo auch immer wir uns befinden. Christus in dir ist die Antwort auf die Probleme der Welt.

”Geliebt

Der Skandal des Evangeliums: Annahme kommt vor Veränderung!

Der Skandal

1. Korinther 1,23 (NBH)

...aber wir, wir predigen, dass der Gekreuzigte der von Gott versprochene Retter ist. Für die Juden ist das ein Skandal, für die anderen Völker eine Dummheit, aber für die, die Gott berufen hat - Juden oder Nichtjuden - ist der gekreuzigte Christus Gottes Kraft und Gottes Weisheit.

Die Botschaft des Evangeliums, des gekreuzigten Retters, ist den „Ungläubigen“ ein Stolperstein. Wieso muss ein Unschuldiger für die Menschheit sterben? Fragt man sich. Warum einen Sieg erringen durch den eigenen Tod? Das Kreuz ist der göttliche Skandal! Ein Tod, der die Menschheit befreien würde. Unsere Sünde war groß, doch seine Liebe war noch größer! Seine Liebe nahm dich an, bevor du ihm etwas hättest geben können. Selbst für diese Sünde, deine Sünde, brachte er ein Opfer, sein eigenes Leben - das ist der Skandal. Ein Skandal der Liebe! Wir selbst hätten kein würdiges Opfer bringen können, deshalb erbrachte er es - seinen eigenen Sohn. Er starb nicht für seine, sondern für deine Schuld. Er trug nicht sein Kreuz, sondern deines! Nicht alles Geld der Welt hätte ausgereicht, dieses Opfer zu erkaufen - es war ein Geschenk an die Menschheit. Reine Gnade. Wir konnten nicht in den Himmel klettern, deshalb kam er auf die Erde. In Christus sehen wir den Himmel auf Erden! Dieser Skandal soll uns in Dankbarkeit und Freude gegenüber unserem Retter bringen - denn er kam, um uns Freiheit zu schenken!

Kolosser 1, 19 (NLB)

Denn Gott wollte in seiner ganzen Fülle in Christus wohnen.

Gott versuchte, sich im Laufe der Menschheitsgeschichte immer wieder zu offenbaren, da die Menschen eine begrenzte Vorstellung von ihm hatten. Jesus wurde Gott zum Anfassen! Alle Fülle Gottes wohnte in Christus. All das, was wir über Gott wissen oder zu wissen glauben, muss folglich in Christus verankert und gesehen werden. Du fragst dich, ob Gott Menschen heilt? Schau auf Jesus. Wie reagiert Gott auf Sünder? Schau auf Jesus... Bei allem, was wir nicht in Jesus finden, haben wir Grund, es anzuzweifeln. Denn Jesus sagt von sich selbst: „

„Wer mich gesehen hat, hat den Vater gesehen.“ (Johannes. 14,9). Somit ist Jesus unser Standard, die perfekte Theologie und unser Grundstein, worauf unsere Of-

fenbarung des Vaters gegründet sein muss. Es ist mein Bestreben, in diesem Buch dir, dem Leser, Christus und sein vollbrachtes Werk vor Augen zu halten, denn dadurch erkennen wir, was unser Erbe in Christus ist!

Kolosser 2,9

Dabei ist es doch Christus, in dem die ganze Fülle von Gottes Wesen in leiblicher Gestalt wohnt.

Wirklich geliebt?

Das Evangelium ist so gut, du brauchst Gott um es zu glauben!

Jeder von uns war bestimmt schon einmal in dieser Situation. Du bist verliebt. Verliebte machen Dinge, die nicht „normal" sind. Ihre Gefühle spielen verrückt, und es gibt nur noch eine Person auf der Erde - der/die Geliebte. Wenn du, wie ich, deinen Schwarm im Teeniealter kennenlernst, dann geht das sogenannte Gänseblümchenpflücken nicht an dir vorbei. Du stehst im Garten, singst vor dich hin und stellst dir deinen Schwarm bildlich vor, während du die Blütenblätter des Gänseblümchens einzeln abpflückst und sie auf den Boden fallen lässt. Zum Schluss ist das letzte Blütenblatt ausschlaggebend dafür, ob dir der Schwarm die Zuneigung erwidert oder nicht. Das nimmt natürlich kein Mensch ernst, und wenn Teenies nicht die gewünschte Antwort erhalten, nehmen sie einfach das nächste Gänseblümchen und fangen von vorne an. Selbst Teenies brauchen nicht allzu lange, um zu merken, dass Blumen nicht dazu da sind, Auskunft über ein romantisches Schicksal zu geben.

Obwohl wir die Gänseblümchen schon längst beiseite gelegt haben, führen viele von uns das Spiel mit Gott weiter. Hier zupfen wir zwar keine Blütenblätter, aber wir versuchen häufig, durch die Umstände herauszufinden, was Gott genau für uns empfindet:

- Ich habe eine Gebetserhörung erlebt. Gott liebt mich!
- Mein Kind ist ernsthaft krank. Gott liebt mich nicht!

Die Liste ist wohl unendlich.

Aber wer kennt diese Gedanken nicht: Liebt Gott mich wirklich? Liebt er mich gerade jetzt während meines Scheiterns und mit meinen Fehlern? Gerade jetzt in meinen falschen Entscheidungen?

Ich bin in dem Glauben aufgewachsen, dass Gott Menschen liebt, und habe das auch zumeist für die Wahrheit gehalten. Geht es uns gut, ist nichts einfacher zu glauben als das. In Zeiten, in denen meine Familie gesund ist, die Beziehung stimmt und die Arbeit gut läuft - ja wer wäre sich da Gottes Liebe nicht sicher? Diese Sicherheit schwindet jedoch, sobald die Zeiten der Glückseligkeit von problematischen Ereignissen unterbrochen werden. Ich fragte mich immer wieder, was Gott wirklich für mich empfindet. Ich konnte nicht begreifen, dass ein Gott, der mich liebt, solche Dinge in meinem Leben zuließ, beziehungsweise nicht sofort geradebog, damit weder ich noch mir nahestehende Menschen Schmerzen erdulden mussten. Er liebt mich nicht! So ähnlich dachte ich damals. So zu denken, ist gefährlich. Einerseits arbeitet man für Liebe, andererseits reagiert man beim Ausbleiben der Liebe mit - Anklage! Beides ist falsch.

Gott ist Liebe, und er liebt dich bedingungslos!

In der wohl bekanntesten Bibelstelle, Johannes 3,16, heißt es: *„Denn so sehr hat Gott die Welt geliebt, dass er seinen eingeborenen Sohn gab, damit jeder, der an ihn glaubt, nicht verloren geht, sondern ewiges Leben hat"*. Gott hat die Welt so sehr geliebt, dass er für sie sein Leben gab. Das Wort für „geliebt" in diesem Vers ist das griechische Wort „agape". Agape wird im Kontext für die Liebe Gottes zum Menschen verwendet, die bedingungslos ist. Noch bevor Jesus ans Kreuz ging, hat Papa Gott die Welt bedingungslos geliebt. **Der Sohn ging nicht ans Kreuz, damit der Vater die Welt lieben konnte, sondern er ging ans Kreuz, weil der Vater die Welt bereits liebte!** Jesus musste nicht sterben, damit Gottes Abneigung gegenüber dem Menschen verschwindet. Gott war sich seiner Liebe zum Menschen schon immer bewusst. Jesus starb, damit der Mensch wieder in eine Begegnung mit dieser Liebe kommen konnte. Er gab sein kostbares Leben, damit der Mensch wieder in Gemeinschaft mit Gott leben konnte. Ja, Gott hasst Sünde. Er verabscheut sie, doch er verabscheut und hasst nicht den Menschen, der sündigt! Paulus schreibt im Römerbrief, dass Gott seine Liebe zu uns darin erweist, dass Christus, als wir noch Sünder waren, für uns gestorben ist (vgl. Römer 5,8). Als wir noch Sünder waren, starb er für uns, und das ist der größte Liebesbeweis. Er hat uns, schon bevor wir Christ wurden und ihm unser Leben anvertrauten, bedingungslos geliebt.

Der Dreieinigkeit gefiel es, Menschen in ihrem Ebenbild zu machen. (vgl. 1. Mose 1) Dem Gott, der keinen Mangel hat, fehlte etwas. Dem vollkommenen Gott fehlte etwas. WOW. Er wollte dich! Er wollte Menschen, die mit ihrem freien Willen ihn anbeten und so leben, wie er es tun würde. Du füllst keinen Mangel in Gott aus. Er muss dich nicht gebrauchen, damit es ihm besser geht. Er schuf dich, weil er Freude an dir hat! Er wollte dich, da er dich vor Erschaffung der Welt sah. Denn in Christus hat er uns schon vor der Erschaffung der Welt mit dem Ziel erwählt, dass wir ein geheiligtes und untadeliges Leben führen, ein Leben in seiner Gegenwart und erfüllt von seiner Liebe. (Epheser. 1,4) Für ihn stellt sich nie die Frage, ob er uns heute liebt oder nicht! Er muss sich nicht jeden Morgen neu entscheiden, er hat sich längst dafür entschieden, dass er uns liebt. Gott hat ein JA zu dir, sei dir dessen stets bewusst. Leider höre ich immer wieder Christen singen: „Herr, ich bin nicht würdig, bin oft so weit weg von dir..." (an dieser Stelle möchte ich nicht das Herz des Autors des Liedes kritisieren). Wenn wir tatsächlich denken, wir sind nicht würdig, wie kannst du dann kühn und mutig in seine Gegenwart eintreten? Zu denken, wir sind unwürdig, basiert auf einem falschen Verständnis deines Wertes. Wärest du nichts wert gewesen, wäre der Sohn Gottes nicht auf brutalste Weise für dich geopfert worden. Nicht wegen unserer, sondern aufgrund seiner Leistung können wir kühn und mutig in seine Gegenwart eintreten, und nicht wegen unserer Werke, sondern aufgrund seines Werkes! Es ist wichtig, dass unser Leben auf dem richtigen Fundament gegründet ist, nämlich seiner Liebe!

Epheser 2,17

Es ist mein Gebet, dass Christus aufgrund des Glaubens in euren Herzen wohnt und **dass euer Leben in der Liebe verwurzelt und auf das Fundament der Liebe gegründet ist.**

Wenn unser Leben auf und in seiner Liebe verwurzelt und gegründet ist, dann werden wir nicht von jedem Umstand umhergeworfen. Wir können fest stehen. Du hast die Wahl, auf welchem Fundament du bauen möchtest. Dies gilt auch für das Er-liebt-mich-er-liebt-mich-nicht Spiel, bei welchem oft das Verhalten des „lieben Gottes" hinterfragt wird, je nachdem, wie der Umstand uns gegenüber ausfällt. Unsere Interpretation der Situation entspricht allerdings nicht zwingend der Realität! **Wenn wir Gott nur dadurch definieren, dass wir unsere eigenen Lebensumstände in unserer Begrenztheit interpretieren, werden wir nie entdecken, wer er wirklich ist.** Unsere Gefühle ändern nichts an Gottes Wahrheit. Das tiefe Wissen seiner Annahme und Liebe macht uns frei von jeglicher Scham und Menschenfurcht.

Warum also immer noch Gottes Annahme verdienen wollen, obwohl er doch bereits alles Erdenkliche dafür getan hat, uns zu beweisen, dass wir schon angenommen sind? Höre nicht länger auf die Stimme der Religion, die dir die Illusion anbietet, wir könnten uns die Annahme Gottes selbst verdienen. Was würdest du heute tun, wenn du wüsstest, dass Gott dich voll und ganz liebt, ohne jegliche Bedingung? Gott weiß, dass die Antwort auf diese Frage dich und dein Umfeld radikal verändern wird. Wenn wir anfangen, das zu glauben, was Gott über uns sagt, ändern sich auch unsere Gefühle! Wir müssen nicht mehr um Annahme kämpfen, niemandem mehr etwas beweisen, wir müssen uns nicht mehr anstrengen, um geliebt zu werden, nicht mehr die Anerkennung von Menschen suchen, damit wir uns wertvoll oder besser fühlen. Wir würden das, was wir tun, deshalb tun, weil wir geliebt sind und nicht, weil wir geliebt werden wollen. **Der Schlüssel zu einem siegreichen**

Leben liegt nicht darin, dass man jeden Morgen aufwacht und sich die Liebe Gottes zu erarbeiten versucht, sondern dass man bereits mit dem Bewusstsein wach wird, von ihm geliebt zu sein. Die Tür zu Gottes Liebe wurde durch das vollbrachte Werk am Kreuz so weit und gewiss geöffnet, dass dies nicht einmal durch unsere schlimmsten Fehler infrage gestellt werden kann. Diese Türe ist Jesus selbst (Johannes 10,9). Diese Tür ermöglicht es uns, wirklich zu erkennen, wer Gott ist, und erlaubt uns, in genau die Beziehung zu Papa Gott einzutreten, nach der wir uns im tiefsten Inneren unseres Herzens sehnen. Er liebt dich viel mehr, als du es dir vorstellen kannst, und das tut er schon, seit er dich erdacht hat (vgl. Psalm 139). Wenn du diese Wahrheit ergreifst, wirst du auch in schwierigen Zeiten Gottes Zuneigung nie wieder infrage stellen und auch keinen Zweifel hegen, ob du genug dafür getan hast, um seine Liebe zu verdienen. Du wirst nicht länger befürchten, dass er dir den Rücken zukehrt, sondern in der Lage sein, seiner Liebe sicher zu sein, wenn du sie am meisten brauchst. Du wirst sogar erleben, dass diese Liebe aus dir herausfließen kann und will, um andere zu berühren, die danach hungern! Wenn wir also erkennen, dass wir nicht mehr für Gottes Liebe arbeiten müssen, und jeden Tag Zugang zu dieser bedingungslosen Liebe haben, werden wir wahrhaftig zu leben beginnen. Das ist unser Ausgangspunkt, denn nur im Zusammenhang mit der Beziehung, die Gott sich mit uns wünscht, können wir die ganze Herrlichkeit seiner Liebe entdecken!

1. Johannes 3,1

Seht doch, wie groß die Liebe ist, die uns der Vater erwiesen hat: Kinder Gottes dürfen wir uns nennen, und wir sind es tatsächlich! Doch davon weiß die Welt nichts; sie kennt uns nicht, weil sie ihn nicht erkannt hat.

Fearless

Liebe treibt alle Furcht aus (vgl. 1. Johannes 4). Ein wohl bekanntes Zitat der Bibel. Man sieht es auf Traktaten oder großer Discounterwerbung. Oft wird es auch gepredigt, wenn wir Menschen animieren und inspirieren wollen, auf der Straße, im Einkaufszentrum usw. furchtlos von Jesus zu erzählen. Ich stimme diesem Vers zu, predige ihn und erlebe es, dass Gottes Liebe mich jegliche Menschenfurcht überwinden lässt. Seine Liebe macht aus mir einen Überwinder (vgl. Römer 8). Christi Liebe zu uns macht aus uns sogar „mehr" als Überwinder.

Römer 8, 37 (ELB)

***Aber in diesem allen** sind wir **mehr** als **Überwinder** durch den, der uns geliebt hat.*

Ein Überwinder ist jemand, der etwas überwunden hat. Klingt logisch! Doch wer ist jemand, der „mehr" als ein Überwinder ist? Stellst du dir solche Fragen beim Lesen der Bibel? Ich möchte dich hierzu ermutigen, denn das fördert die Beziehung zum Heiligen Geist und seine Offenbarung. Zuerst müssen wir verstehen, in welchem Kontext dieser ermutigende Vers geschrieben wurde. Der Verfasser des Römerbriefes, Paulus, spricht von den Leiden und Herausforderungen um des Evangeliums willen. Unmittelbar davor in Vers 37 schreibt er: *„Wer wird uns scheiden von der Liebe Christi? Bedrängnis oder Angst oder Verfolgung oder Hungersnot oder Blöße oder Gefahr oder Schwert?“* (Vers 35). Danach fährt Paulus fort: *„Aber in diesem allen...“*. Dieses „Aber in diesem allem“ beschreibt die von Paulus oben genannten Situationen, Umstände, Herausforderungen, durch die er mehr als ein Überwinder durch die Liebe Christi ist. Wow. In all diesen Herausforderungen hinterfragt er die Liebe seines Retters nicht! Anstelle die Liebe Gottes in diesen Situationen zu hinterfragen, wie es viele von uns heute tun würden, wird die Liebe Christi zur Grundlage für Paulus, das Problem zu überwinden, ohne sein Herz zu verhärten.. Psalm 112 drückt es folgendermaßen aus: *„Vor der Unglücksbotschaft fürchtet er sich nicht; sein Herz vertraut fest auf den HERRN. Sein Herz ist getrost, er fürchtet sich nicht, bis er seine Lust an seinen Feinden sieht.“* (Psalm 112 SLT).

Du fürchtest dich nicht länger vor dem Umstand, denn du vertraust einem GUTEN Gott. Nicht länger bist du bitter, frustriert oder verletzt durch den Umstand. Der Umstand ist nicht deine Berufung, sondern deine Berufung ist, durch den Umstand hindurch zu gehen und ihn zu einem Quellort zu machen (vgl. Psalm 84). Dies macht dich zu „mehr“ als einem Überwinder. Der Umstand wird zu etwas, das dir zum Besten dient (vgl. Römer 8).

Ich sage es noch einmal: Gottes Liebe wurde am Kreuz bewiesen. Ein für alle Mal, mehr geht nicht. Unsere äußeren Umstände dürfen Gottes Charakter NICHT definieren! Er ist immer GUT! Die Kraft zum Überwinden der Umstände kommt also aus Christi Liebe und nicht aus unserer Anstrengung. Viele Christen haben sich ein Beispiel an Baron Münchhausen genommen, der sich an den eigenen

Haaren aus einem Sumpf gezogen hat. Jesu Liebe zu uns, die er am Kreuz demonstrierte, überwand den Tod! Diese Liebe befähigt auch uns, jeden Umstand, jedes Problem zu überwinden, ja sogar das Gericht und den Tod selbst. Gericht und Tod? Ja, der anfänglich zitierte Vers aus 1. Johannes 4,18 steht im Kontext des Gerichtes Gottes.

> *Hierin ist die Liebe bei uns vollendet worden, dass wir Freimütigkeit haben am Tag des Gerichts, denn wie er ist, sind auch wir in dieser Welt. Furcht ist nicht in der Liebe, sondern die vollkommene Liebe treibt die Furcht aus, denn die Furcht hat es mit Strafe zu tun. Wer sich aber fürchtet, ist nicht vollendet in der Liebe. Wir lieben, weil er uns zuerst geliebt hat.*

Die Liebe Christi ist darin vollendet, dass wir uns vor dem Gericht Gottes nicht mehr fürchten müssen. Halleluja! Die Liebe Gottes treibt also alle Furcht aus, nicht nur vor Menschen sonder vor allem vor dem Gericht Gottes. **Wir brauchen keine Angst mehr vor Strafe zu haben, wir dürfen mit Freimütigkeit zum Thron seiner Gnade kommen** (vgl. Hebräer. 4,16).

Als Johannes das Wesen Gottes zusammenfasst, tut er es mit den einfachen Worten: *„Gott ist Liebe."* (vgl. 1. Johannes 4,16). Liebe ist also der Kern des Wesens Gottes! Wenn du von seiner Liebe erfasst wirst, entdeckst du, dass es im ganzen Universum nichts Mächtigeres gibt. Diese Liebe ist stärker als deine Fehler, Sünden, Enttäuschungen und sogar deine Ängste. Gott weiß, dass sich unser Leben für immer verändern wird, wenn wir mit seiner tiefen Liebe in Berührung kommen. Nichts kann sie überwinden, und keine andere Liebe wird dich erfüllen wie die deines himmlischen Vaters.

Gott hat sich in der Zeit von Maleachi bis Matthäus nicht geändert. Schon von Anfang an war es Gottes Wille, dass wir „fruchtbar" sind und uns vermehren (vgl. 1. Mose). Ich denke, Gott ging es nicht nur darum, dass viele Menschen die Erde bevölkern, sondern vielmehr darum, dass sich Gottes Bild, in welchem wir geschaffen sind (Liebe), sich auf dem Planeten Erde verbreiten. Von Anfang an war es Gottes Absicht, dass wir unseren Wert aus seiner bedingungslosen Liebe beziehen. Ist es nicht so, dass das Sündenproblem zu dem Zeitpunkt begann, als Adam und Eva die Liebe Gottes aus den Augen verloren? Leuchtet es dann nicht ein, dass sich unser ganzes Leben verändern wird, wenn wir erkennen, wie tief seine Liebe zu uns ist? Christi aufopferungsvolle, fast schon verschwenderische Liebe zu einer Welt, die nicht perfekt ist, verändert alles. „Gott liebt mich! Gott ist für mich! Er ist mein Papa und will das Beste für mich!" Diese Wahrheiten müssen tief in unserem Innersten verankert werden, dann können wir mitten im Sturm mit Paulus sagen: *„Denn ich bin überzeugt, dass weder Tod noch Leben, weder Engel noch Gewalten, weder Gegenwärtiges noch Zukünftiges, noch Mächte, weder Höhe noch Tiefe, noch irgendein anderes Geschöpf uns wird scheiden können von der Liebe Gottes, die in Christus Jesus ist, unserem Herrn"* (Römer 8, 38- 39). Dann wird diese Wahrheit Lügen, Anfechtungen und Versuchungen überwinden, und wir können durch seine Gnade im Leben herrschen (vgl. Römer 5,17).

Keine 2. Chance

Aufgrund meiner Vergangenheit dachte ich früher immer, dass Gott mir eine zweite Chance gab, als ich Jesus in meinem Leben aufnahm. Ich konnte, frei von meiner Vergangenheit, nochmals von vorne anfangen. Die Bibel sagt ganz klar, dass wir eine neue Schöpfung werden, wenn wir beschließen, dass wir Hilfe brauchen, einen Retter - Jesus Christus! (2. Korinther 5, 17). Du bist nicht bloß eine umgestaltete, bessere Version deiner alten. Du bist voll und ganz neu. Metaphorisch gesprochen: Wenn du in deinem früheren Leben ein Trabant (Trabi) warst, bist du jetzt nicht die Trabiversion von 2019. Die 2019 Version mag zwar besser und auf dem neuesten Stand sein, doch wenn Paulus in 2. Korinther 5 Vers 17 über eine NEUE Schöpfung redet, verwendet er das Wort „kainos". Kainos[1] bedeutet: einzigartig, neu an Qualität, zuvor noch nie gesehen, außergewöhnlich und innovativ. Eine neuartige Substanz! Etwas, was noch nie dagewesen ist. Das bist du durch Christus geworden. Eine neue Spezies! Die Ausrede „Du bist halt doch noch ein Mensch", wenn wir sündigen, zählt nicht mehr, denn du bist eine neue „Rasse" Mensch (2. Korinther 5,16). Du bist nicht mehr länger von adamitischer Natur, sondern etwas, das es noch nie gab. Jesus war nicht nur ein Moralprediger, der uns etwas zum Nachahmen hinterließ, sondern er pflanzte seine göttliche DNA in uns hinein. Man könnte auch sagen: „Du wurdest durch Christus ersetzt." (vgl. Galater 2). Wenn du also ein Trabi warst, bist du jetzt ein Automobil, das es noch nie gab, das fliegen kann usw... Du bist nicht mehr ein Kind des Teufels (vgl. Epheser 2,3), sondern ein Kind Gottes, durch dessen Adern Jesu Blut fließt. Du bist eine Verkörperung des Vaters Gott, nach dem Bild deines älteren Bruders - Jesus. Vielleicht sollte man sagen: „Jetzt, durch Christus, sind wir echte Menschen". Als Resultat des Sündenfalls wurde der Mensch weniger Mensch, da er vom Ausgangsbild Gottes, in dem er kreiert wurde, abgefallen

1 Strong. Exhaustive Concordance of the Bible, Entry 2537.

war. Jetzt bist du neu, das Alte ist vergangen, Neues wurde geschaffen! Du bist neu! Die Vorstellung, dass Gott uns „nur" eine zweite Chance gibt, würde bedeuten, dass ich verloren bin und es erneut unter den gleichen Voraussetzungen versuchen muss, wenn ich es wieder vermassle. Das Resultat kennen wir- Versagen! Deshalb brauchen wir einen Retter, da wir es nicht aus eigener Kraft schaffen. Eine zweite Chance ist keine gute Botschaft. Gott gibt dir keine zweite Chance! - Du stirbst mit Christus und wirst zu neuem Leben auferweckt. Gott gibt uns ein komplett neues Leben der Kraft und Gnade Gottes in Christus! Neues Leben mit ganz anderen Voraussetzungen! Ein Leben aus seiner Kraft und mit ganz neuen Voraussetzungen. Paulus, wohl der Apostel mit dem kriminellsten Hintergrund, sprach nicht von einer zweiten Chance sondern vielmehr von einem neuen Leben, aus welchem er Kraft zog zu arbeiten und die Umstände zu überwinden.

Kolosser 1, 29 (SLT)

Dafür arbeite und ringe ich auch ***gemäß seiner wirksamen Kraft, die in mir wirkt mit Macht.***

Produktives Arbeiten findet dann statt, wenn wir nicht auf unsere eigene Leistung bauen, sondern seine Kraft in uns und durch uns wirken lassen!

Die Schrift sagt uns in Sprüche 24, 16: *„Denn ein Gerechter fällt siebenmal und steht wieder auf....* " Hier ist nicht die Rede von einem zweimaligen, sondern von einem siebenmaligen „Fallen". Kann es sein, dass die Schrift die Zahl sieben benützt, weil es sieben Tage gibt? Gott wusste also, dass wir jeden Tag „fallen» können. Ist es nicht interessant, dass der Gerechte immer noch gerecht ist, obwohl er fällt, obwohl er durch ein Problem geht? Er ist kein Fehler, nur weil er einen Fehler gemacht hat... Meine Gerechtigkeit ist nicht durch das „Fallen“ definiert, sondern durch Jesu Gnade!! Der Gerechte fällt zwar, bekommt aber Gnade (Befähigung), um wieder aufzustehen und siegreich im Leben zu herrschen. (Römer 5,17)

Warum musste Jesus sterben?

Jesus starb für uns einen schrecklichen Tod. Aber warum? Warum musste Gottes Sohn gekreuzigt werden?

Jesus, der Sohn Gottes, musste Mensch werden, um die Menschheit von den Folgen der Sünde zu erlösen. Philipper 2, Vers 6 -8 drückt es folgendermaßen aus:

> *Er, der Gott in allem gleich war und auf einer Stufe mit ihm stand, nutzte seine Macht nicht zu seinem eigenen Vorteil aus. Im Gegenteil: Er verzichtete auf alle seine Vorrechte und stellte sich auf dieselbe Stufe wie ein Diener. Er wurde einer von uns – ein Mensch wie andere Menschen. Aber er erniedrigte sich ´noch mehr`: Im Gehorsam gegenüber Gott nahm er sogar den Tod auf sich; er starb am Kreuz ´wie ein Verbrecher`.*

Jesus erniedrigte sich, wurde Mensch, lebte ein ganz „normales Leben“, wurde wie wir in allem versucht, erlag der Sünde aber kein einziges Mal. Er wurde unschuldig an unserer Stelle verurteilt und starb einen Tod, den nicht er verdient hatte - sondern wir. Doch er starb als du und ich (genaugenommen hingst du mit ihm am Kreuz, Galater, 2,19+20), damit wir zu Söhnen und Töchtern Gottes - frei von Sünde - werden konnten. Jesus kam in eine „sündige“ Welt - um diese von Sünde zu befreien.

Matthäus 17,22b- 23a

Der Menschensohn wird in die Hände der Menschen gegeben werden, und sie werden ihn töten; doch drei Tage danach wird er auferstehen.

Am Kreuz war der Sohn Gottes dem Menschen ausgeliefert. Kurz vor seiner Kreuzigung sprach der damalige Pontius Pilatus (Präfekt / Stadthalter) mit ihm und meinte, er habe die Macht, ihn „frei" gehen zu lassen. Doch Jesus erwiderte: ***„Du hättest keine Macht über mich, wenn sie dir nicht von oben gegeben wäre."*** (Johannes 19, 11) Gott lieferte sich bewusst der Menschheit aus! Jesus ließ sein Leben für die Schafe (Johannes 10). **Am Kreuz wurde nicht Gottes Zorn zur Menschheit sichtbar, sondern die Gerechtigkeit gegenüber der Sünde! Jesus erkaufte uns aus der Knechtschaft des Teufels, da wir Kinder des Zorns waren (Epheser 2), und bezahlte diesen Preis mit seinem kostbaren Leben.**

Kolosser 1, 19- 23 (ELB)

Denn es gefiel der ganzen Fülle, in ihm zu wohnen und durch ihn ***alles mit sich zu versöhnen - indem er Frieden gemacht hat durch das Blut seines Kreuzes*** *- durch ihn, sei es, was auf der Erde oder was in den Himmeln ist. Und euch, die ihr einst entfremdet und Feinde wart nach der Gesinnung in den bösen Werken, hat er aber nun versöhnt in dem Leib seines Fleisches durch den Tod, um euch* ***heilig*** *und* ***tadellos*** *und* ***unsträflich*** *vor sich* ***hinzustellen****, sofern ihr im Glauben gegründet und fest bleibt und euch nicht abbringen lasst von der Hoffnung des Evangeliums, das ihr gehört habt, das in der ganzen*

Schöpfung unter dem Himmel gepredigt worden ist, dessen Diener ich, Paulus, geworden bin.

Einst waren wir Feinde. Vergangenheit. Nun aber sind wir versöhnt. Gegenwart. Durch Jesu Tod sind wir versöhnt mit Gott. Das Wort „hinstellen" hat eine entscheidende Bedeutung. Es heißt so viel wie „präsentieren, darstellen, bringen (wie ein Geschenk)". Er packte uns quasi wie ein Geschenk ein und brachte uns zurück zum Vater. Wir identifizieren uns mit Jesus Christus. Doch damit das möglich ist, hat sich Jesus zuerst mit uns identifiziert. Er wurde zur Sünde, damit wir Gottes Gerechtigkeit in ihm würden. Wir sind in ihm mitgekreuzigt und als „Er" auferstanden.

Er brachte uns als stolzes Geschenk, als Beweis vor den Vater. In welchem Zustand brachte er uns vor den Vater? Heilig. Tadellos. Unsträflich. Deshalb ist unser Erbteil die intime Nähe und Einheit mit Gott. Genau dies bedeutet „**παρίστημι paristēmi**"[2], nämlich in "intime Nähe bringen". Das ist das Evangelium, ein Geschenk, welches größer nicht sein könnte.

„Voraussetzung dafür ist, *„...dass ihr euer Leben auch weiterhin fest und unerschütterlich auf das Fundament des Glaubens gründet und euch durch nichts von der Hoffnung abbringen lasst, die Gott euch mit dem Evangelium gegeben hat."* (Kolosser 1,23). Das bedeutet, dass wir in der Wahrheit bleiben müssen. Jesus ist die Wahrheit. Solange wir in Jesus sind, wird Vers 19-23 aktiv bleiben! „Aber ich fühle mich nicht heilig und begehe noch Fehler!" Der Schlüssel, um das zu erleben, liegt im Vertrauen in die Wahrheit des Geschriebenen. Die Gute Nachricht, das Evangelium, ist ein

2 https://www.blueletterbible.org/lang/lexicon/lexicon.cfm?t=kjv&strongs=g3936

Geschenk, welches du im Glauben annimmst, erlebst und dann weitergibst, denn dem Glauben folgen automatisch – als untrennbarer Teil des Glaubens – Werke.

Bleibe fest und gegründet in dieser Wahrheit: Du bist durch ihn heilig, tadellos und unsträflich und genießt die Einheit mit Gott allein durch Glauben.

Römer 5, 6- 8

Christus starb ja für uns zu einer Zeit, als wir noch ohnmächtig ´der Sünde ausgeliefert` waren; er starb für Menschen, die Gott den Rücken gekehrt hatten. Nun ist es ja schon unwahrscheinlich genug, dass jemand sein Leben für einen unschuldigen Menschen opfert; eher noch würde man es vielleicht für einen besonders edlen Menschen tun. Gott hingegen beweist uns seine Liebe dadurch, dass Christus für uns starb, als wir noch Sünder waren.

Noch bevor wir etwas für Gott tun konnten, in unserer schlimmsten Dunkelheit, liebte er uns so sehr, dass er uns aus dieser Dunkelheit erkaufte. Der Gott des Alten Testaments liebte uns so sehr, dass er das Kostbarste des Himmels, seinen eigenen Sohn, für uns gab. Er war nicht abwesend und ließ seinen Sohn alleine. Er war im Sohn! Jesus musste für dich und mich sterben, um uns klar zu machen, dass er mit seinem Licht schon da ist, egal wie schlecht wir sind, egal in welcher Dunkelheit wir stecken. Er wurde Sünde, damit wir gerecht würden.

2. Korinther 5,21

Den, der ohne jede Sünde war, hat Gott für uns zur Sünde gemacht, damit wir durch die Verbindung mit ihm die Gerechtigkeit bekommen, mit der wir vor Gott bestehen können.

Stell dir vor, du hast ein kleines Kind, bei dem eine seltene Blutkrankheit diagnostiziert wird. Ärzte teilen dir mit, dass diese Krankheit selten ist. Obwohl es die Möglichkeit einer Chemotherapie gibt, die das Blut deines Kindes reinigt und ihm zur Genesung verhilft, kann der noch nicht ausgereifte Körper des Kindes die für die Heilung erforderliche Dosis nicht verkraften. Mit anderen Worten: die Therapie brächte das Kind um, bevor die Heilung einsetzen würde.
Die Ärzte nennen dir aber noch eine zweite Möglichkeit. Man spritzt dir das Blut des Kindes, sodass du die Krankheit in dir trägst und man die Chemotherapie an deinem Blut durchführen kann. Du wirst dadurch extrem krank und stirbst womöglich, aber dein Blut produziert Antikörper, die dem Körper des Kindes zugeführt werden und es von seiner Krankheit befreien können. Würdest du das tun? Die meisten Eltern würden nicht eine Sekunde lang zögern. Auch Gott hat nicht gezögert! Das war seine Gelegenheit, die Macht der Sünde zu brechen und alle, die ein Leben lang von ihr gefangen waren, aus ihrem Gefängnis zu befreien. Die Zuschauer auf Golgatha sahen an diesem Tag lediglich einen Mann, der dem qualvollen Kreuzigungstod ins Auge sah. Sie wussten nicht, dass das Sündlose für sie zur Sünde gemacht worden war und dass die physischen Schmerzen am

Kreuz nur auf menschlich erfassbare Weise widerspiegelten, was sich in Gottes Ewigkeit ereignete. Die Sünde wurde in Jesus zerstört, und damit öffnet sich die Tür zu einer künftigen Welt ohne sie.[3]

Jesu Blut besiegte nicht nur die Sünde und deren Folgen, sondern er brachte auch eine Quelle des Lebens hervor. Dieses Blut kann jeden Menschen, der sich danach ausstreckt, von Sünde befreien und wieder mit Gott selbst vereinigen. Jesus wurde zur Sünde, damit du zum Sohn werden kannst. Somit wird der Traum erfüllt, den Gott bereits hatte, als er entschied, Mann und Frau zu erschaffen und sie ins Zentrum seiner Schöpfung zu stellen.

Versöhnt

2. Korinther 5, 18-21

Das alles ist Gottes Werk. Er hat uns durch Christus mit sich selbst versöhnt und hat uns den Dienst der Versöhnung übertragen. Ja, in ´der Person von` Christus hat Gott die Welt mit sich versöhnt, sodass er den Menschen ihre Verfehlungen nicht anrechnet; und uns hat er die Aufgabe anvertraut, diese Versöhnungsbotschaft zu verkünden. Deshalb treten wir im Auftrag von Christus als seine Gesandten auf; Gott selbst ist es, der die Menschen durch uns ´zur Umkehr` ruft. Wir bitten im Namen von Christus: Nehmt die Versöhnung an, die Gott euch anbietet! Den, der ohne jede Sünde war, hat Gott für uns zur Sünde gemacht, damit wir durch die Verbindung mit ihm die Gerechtigkeit bekommen, mit der wir vor Gott bestehen können.

---

3 https://endzeit-reporter.org/web/wp-content/uploads/2015/12/Die-Verwandlung-Teil-30.pdf

Die Opfer, die wir aus dem Alten Testament kennen, waren zunächst Versöhnungsopfer (Opfer des Wohlgeruchs). Diese Opfer wiesen auf Jesus hin, den vollkommenen Menschen nach dem Herzen Gottes, der in allem gehorsam und Gott wohlgefällig war. Durch das vollkommene Opfer von Jesus versöhnte sich Gott mit der Welt. Gott hat die stellvertretende Sühnung seines Sohnes, der für das Unrecht der Menschen gestorben ist, angenommen und wendet sich nun in freier Souveränität gnadenvoll dem Menschen zu. Im Hebräischen bedeutet das Wort „Versöhnung" so viel wie „umhüllen, bedecken". Im Griechischen bedeutet es soviel wie „gnädig machen". Mit anderen Worten: „Als Gott sich mit der Welt versöhnte, wurden wir Menschen begnadigt, und Gott schloss Frieden mit uns. Er stellte unseren Wert wieder her und gab uns seine Gunst." Gott hat dich mit sich selbst versöhnt. Dieses Wort „versöhnen" bedeutet auch „bei jemandem Gunst haben" oder „jemanden den gleichen Wert zumessen". Du wurdest zurück in die Gunst Gottes gestellt. Du bist in Gottes Wohlwollen, ER gibt dir Vorzüge und Zuneigung. Dabei hat ER dich im Wert mit sich selbst gleich gestellt!! Versöhnt mit ihm, eins mit ihm. Jetzt bist du in der Familie. Deine Schuld ist beglichen, es gibt keine Verdammnis oder Anklage mehr.

Gott hat uns in Christus umarmt. Nimm es persönlich: ER hat DICH umarmt. Schon lange bevor du das Licht dieser Welt erblickt hast, floss von ihm aus Vergebung und Versöhnung zu dir. Er ist nicht sauer, frustriert, fordernd oder gewillt, dich zu strafen. Nein. Er hat Frieden über dich, weil Jesus Christus alles bezahlt hat. Ohne Gegenleistung. Einfach so, weil ER DICH liebt und als wertvoll erachtet. Was für eine gute Nachricht! Dieses Wort der Versöhnung hat er nun in uns gelegt. Anders gesagt: Wir sind versöhnt, nun sind wir die Botschaft. Wir erleben die Gunst Gottes und tragen sie zu anderen Menschen. Wir sind die Botschaft und die Botschafter. An seiner Stelle und in seiner Vollmacht rufen wir Menschen auf, sich vertrauensvoll dieser Nachricht zu öffnen: "Gott ist gut! Er hat uns in Christus angenommen. Wir können ihm vertrauen! Er wurde, was wir waren, damit wir sein können, was er ist. Gerecht vor Gott."

Gebet

Herr Jesus, danke, dass du mich liebst und für mich am Kreuz gestorben bist. Dein kostbares Blut wäscht mich von jeder Sünde rein. Jesus, ich nehme dich als meinen Retter und Erlöser an. Ich glaube, dass du von den Toten auferstanden bist und heute lebst. Wegen deines vollbrachten Werkes bin ich dein geliebtes Kind.

Danke, dass du mir ewiges Leben gibst und mein Herz mit deinem Frieden erfüllst. Jesus, hier und heute lege ich alle meine Gesichter vor dir nieder, welche ich mir über die Jahre erstellt und angesammelt habe. Ich möchte, dass du, Jesus, mir den Vater offenbarst. Danke, dass ich dein Kind sein darf und mit dir ein neues Leben starten darf.

Amen

"Zeugnis

Aufgrund einer Lungenembolie fiel ein junges Mädchen ins Koma. Ihr Herz hörte auf zu schlagen. Die Ärzte versuchten mehrmals, sie zu reanimieren. Die längste Reanimation dauerte 21 Minuten. Die Ärzte sagten schwere Schäden voraus, falls sie überhaupt wieder wach werden würde - erzählte die Mutter. Wir beteten. Nach fünftägigem Koma wachte sie auf! Das ist jetzt fünf Wochen her. Es geht ihr sehr gut! Die Ärzte haben nun ein Wunder bestätigt. Alle Ehre dem König Jesus. Gott ist Herr über Leben und Tod. Seine Liebe möchte Menschen durch dich berühren, halte sie nicht zurück!! Christus in dir ist genug.

Der verlassene Sohn?

Wir alle kennen dieses Gefühl der Einsamkeit und Leere, wenn wir etwas falsch gemacht haben. Unsere Gefühle spielen Achterbahn. Wir nehmen alles wahr, nur Gott nicht. „Wo bist du Gott"? Die vielleicht rätselhaftesten Worte, die Jesus am Kreuz sprach, stecken in seinem Schrei der völligen Einsamkeit und Verzweiflung: *„Mein Gott, mein Gott, warum hast du mich verlassen?"* (Matthäus 27,46).

Theologen versuchen schon seit Jahrhunderten herauszufinden, was diese Worte bedeuten, was in diesem Moment zwischen Vater und Sohn vorging. Ist es möglich, dass der treue Gott seinem Sohn in dessen finsterster Stunde untreu war? Natürlich nicht. Als Jesus seinen Jüngern sagte, sie würden ihn alle verlassen, sagte er auch, er werde nicht alleine sein, da der Vater bei ihm sei. Vater und Sohn waren die ganze Zeit über eins, warum nicht auch am Kreuz? Ich glaube nicht eine Sekunde lang, dass der Vater den Sohn im Stich ließ. Es könnte jedoch einen großen Unterschied geben zwischen dem, was Gott tat, und dem, was Jesus wahrnahm. Zweifelsohne fühlte sich Jesus verlassen, aber das heißt nicht, dass er es auch tatsächlich war. Möglicherweise bringt Psalm 22 da etwas Licht ins Dunkel, weil Jesus die gleichen Worte wie David benutzte. Psalm 22 ist ein messianischer Psalm, was bedeutet, dass er auf den Messias (Jesus Christus) hindeutet. Jeder Jude der damaligen Zeit kannte diese Zeilen auswendig, es muss wie ein Nummer-eins-Hit gewesen sein, den man heute überall in Funk und Fernsehen hören würde. Jeder kannte ihn.

Werfen wir mal einen Blick hinein.

Psalm 22

Mein Gott, mein Gott, warum hast du mich verlassen?** Ich schreie, aber keine Rettung ist in Sicht, ich rufe, aber jede Hilfe ist weit entfernt! Mein Gott! Ich rufe am Tag, doch du antwortest nicht, ich rufe in der Nacht und komme nicht zur Ruhe. Du bist doch heilig, du wohnst dort, wo ´dein Volk` Israel dir Loblieder singt. Unsere Väter setzten ihr Vertrauen auf dich. Sie vertrauten dir, und du hast sie gerettet. Zu dir schrien sie um Hilfe und wurden befreit, sie vertrauten auf dich und wurden nicht enttäuscht. **Ich aber bin kein Mensch mehr, nur noch ein Wurm, zum Spott der Leute bin ich geworden, das ganze Volk verabscheut mich. Alle, die mich sehen, verhöhnen mich, sie verziehen den Mund und schütteln den Kopf. »Übergib deine Sache doch dem Herrn«, rufen sie.» Ja, soll Gott ihn doch retten! Er soll ihm helfen – anscheinend hat er ja Gefallen an ihm!«** Doch du, ´Herr`, hast mich aus dem Leib meiner Mutter gezogen. Du ließt mich an ihrer Brust Vertrauen fassen. Seit mein Leben begann, bin ich ganz auf dich angewiesen, von Mutterleib an bist du bereits mein Gott. Bleib mir doch jetzt nicht fern! Die Not ist so bedrohlich nah, und da ist niemand, der mir hilft! Gewalttäter haben mich umringt wie eine Herde Stiere, wie mächtige Büffel aus Baschan haben sie mich umstellt. Sie reißen ihr Maul gegen mich auf wie hungrige und brüllende Löwen. Ich fühle mich, als wäre ich hingeschüttet wie Wasser, alle meine Glieder sind wie ausgerenkt. Mein Herz ist wie flüssiges Wachs, das tief in meinem Innern zerschmilzt. **Ich bin ohne Kraft, ausgetrocknet wie eine Tonscherbe.

Die Zunge klebt mir am Gaumen. *Du hast mich in den Staub gelegt, dahin, wo die Toten liegen.* ***Denn ´Menschen` haben mich eingekreist wie Hunde, eine Horde von Gewalttätern umringt mich. Wie sich ein Löwe in seine Beute verbeißt, so halten sie mich fest und geben meine Hände und Füße nicht mehr frei.*** *Ich könnte meine Knochen einzeln zählen; meine Feinde starren mich nur erbarmungslos an.* ***Sie verteilen meine Kleider unter sich und werfen das Los, wer mein Obergewand bekommen soll.*** *Du aber, Herr, bleib nicht fern von mir! Du bist doch meine Kraft, schnell, komm mir zu Hilfe! Entreiße meine Seele dem tödlichen Schwert, rette mein Leben vor den Krallen dieser Hunde! Befreie mich aus dem Rachen des Löwen, rette mich vor den Hörnern der Büffel! Ja, du hast mich erhört! Ich will meinen Brüdern verkünden, wie groß du bist, mitten in der Gemeinde will ich dir Loblieder singen. Alle, die ihr vor dem Herrn Ehrfurcht habt, preist ihn! All ihr Nachkommen Jakobs, gebt ihm die Ehre! Begegnet ihm mit Demut und Verehrung, all ihr Nachkommen Israels! Denn der Herr hat sich von der Not des Hilflosen nicht abgewandt und seine Leiden nicht verachtet.* ***Ja, der Herr hat sein Angesicht nicht vor ihm verhüllt, sondern auf ihn gehört, als er um Hilfe rief.*** *Du, Herr, gibst mir Grund dafür, dich zu loben inmitten der großen Gemeinde. Mein Gelübde will ich erfüllen vor den Augen derer, die dem Herrn in Ehrfurcht dienen. Die Armen sollen wieder essen und satt werden. Die den Herrn suchen, sollen ihn preisen. Euer Herz lebe auf, es lebe ewig! An allen Enden der Erde wird man zur Einsicht kommen, und* *die Menschen werden zum Herrn umkehren. Alle Völker werden sich vor dir, ´Herr`, niederwerfen und dich anbeten. Denn dem Herrn gehört das Königtum, er herrscht über alle Völker. Die Großen der Erde werden ein Festmahl halten und sich anbetend vor dem Herrn niederwerfen. Auch alle, die in den Staub des Todes sinken, werden vor ihm niederfallen, alle, die keine Kraft mehr zum Leben haben. Die kommenden Generationen werden ihm dienen. Denen, die noch geboren werden, wird man vom Herrn erzählen. Verkünden wird man zukünftigen Völkern seine Rettungstaten. Man wird sagen: »**Der Herr hat alles vollbracht!**«*

Als Jesus diese Worte am Kreuz sprach, muss es wohl den Pharisäern und Schriftgelehrten wie Schuppen von den Augen gefallen sein - das war der Messias! Sie kannten die zitierten Worte Jesu aus Psalm 22 wie ihre Westentasche. Sie waren Meister des Auswendiglernens. **Dieser Psalm bestätigt, dass Gott trotz aller Umstände anwesend ist und dass er am Ende mit uns zum Ziel kommt, selbst durch unser schlimmstes Leiden.** Gefühle sind toll, doch schlechte Leiter. Oft geht es uns so, dass wir denken, Gott habe sich aufgrund unseres Fehlers mit seiner Gegenwart von uns abgewandt. Zu Recht meinen wir, wir hätten etwas „Schlimmes" getan. Bibelstellen wie die, dass Gott nichts Unheiliges und Unreines ansehen kann (Habakuk 1,13), kommen uns in den Sinn und füttern unsere Gefühle. Gott hat sich von uns abgewandt! Meinen wir. Nun versuchen wir aus eigener Kraft, alles in Bewegung zu setzen, um uns die Gunst Gottes wieder zurück zu verdienen. Ja, so in etwa sah mein christliches Leben jahrelang aus. Doch das war ein Teufelskreis, der mir Leben raubte anstatt es mir zu geben.

Auch wir fühlen uns manchmal in unseren schwierigsten Zeiten von Gott verlassen. Das bedeutet jedoch nicht, dass ER nicht bei uns wäre, sondern nur, dass wir ihn durch die uns umgebende Finsternis nicht wahrnehmen. ***Unumstößlich wahr ist allerdings, dass Gott immer da ist und sein Angesicht nie von seinen Kindern abwendet. Gott nennt sich selbst Immanuel - der Gott, der immer bei dir ist!*** Er kann sich keinen Namen geben, welcher seine Natur beschreibt, und dann nicht zu seiner Natur/ seinem Willen stehen. Es ist unvorstellbar, dass er mit Christus anders umgegangen sein soll. Denn Christus selbst sagt ja:*„Ich bin im Vater und der Vater ist in mir!“* Wir müssten einige Bibelstellen überlesen, wenn wir tatsächlich glauben, Gott habe Jesus verlassen. Zum Beispiel:

Johannes 14,11
Glaubt es mir, dass ich im Vater bin und dass der Vater in mir ist.

Johannes 16, 32
Aber ich bin nicht allein; der Vater ist bei mir.

Psalm 139, 8
Wenn ich zum Himmel emporstiege – so wärst du dort! Und würde ich im Totenreich mein Lager aufschlagen – dort wärst du auch!

In 2. Korinther 5 lesen wir, dass Gott sich in Christus mit der Welt versöhnte. Gott konnte sich nicht von Christus abwenden, sonst hätte er sich nie mit der Welt versöhnen können.

Sünde trennte nicht Gott von dir, sondern dich von ihm. Wer versteckte sich im Garten Eden vor Gott, als Adam und Eva erkannten, dass sie etwas falsch gemacht hatten? Adam und Eva (vgl. 1. Mose). Gott war es, der sie suchte, der versuchte, mit ihnen in Kontakt zu treten. Sehen wir dieses Bild nicht auch in Jesus - dem Freund der Sünder?! Sünde konnte ihn nicht davon abhalten, der Menschheit entgegenzutreten und für sie zu sterben. Als Jesus für uns zur Sünde wurde, tauchte er in die ganze Scham, Finsternis und Knechtschaft dieser Sünde ein. Er wurde zu Sünde, damit wir zu seiner Gerechtigkeit werden konnten (vgl. 2Korinther 5).

„Denn kaum wird jemand für einen Gerechten sterben... Gott aber erweist seine Liebe zu uns darin, dass Christus, als wir noch Sünder waren, für uns gestorben ist" (Römer 5,7-8). Wenn sich Liebe einmal in diesem Maße zeigt, wie können wir dann noch länger an ihr zweifeln? Gott erlöst uns von unserer sündigen Natur, weil er uns zeigen will, dass wir ihm in allen Dingen vertrauen können. Er kann sich nicht einmal mehr an unsere Sünde erinnern, denn er wirft sie in den *„See der Vergessenheit"* (Micha 7, 19/ Hebräer 8, 12/ Jeremia 31, 34/ Psalm 103, 12+ 13). Sobald wir die Realität am Kreuz wirklich verstanden haben, ist die Kraft des Gesetzes vernichtet. **Die einzige Kraft, die das Gesetz besitzt, besteht darin, uns an unsere Fehler zu erinnern.** Doch am Kreuz offenbart sich ein Gott, der die Menschheit trotz ihrer Sünde so sehr liebte, dass er sich selbst für sie opferte.

Wie wertvoll musst du wohl sein, dass die Gottheit leibhaftig einen schrecklichen Tod für dich einging? Du bist wertvoll, so wertvoll, dass es den Himmel das kostbarste wert war- Jesus. Sei dir stets bewusst, dass Jesus immer bei dir ist. Kurz bevor Jesus in den Himmel auffuhr, bestätigte er seine Nähe zu dir und mir nochmals.

> *...Und seid gewiss: Ich bin jeden Tag bei euch, bis zum Ende der Welt.* (Matthäus. 28, 20)

Egal, wie schlimm deine Situation ist, Jesus ist bei dir! In deinen Siegen und Niederlagen. Egal welches Szenario dir deine Gefühle suggerieren, er ist da!

Der Feigenbaum

Jeder, der die Bibel schon einmal gelesen hat, ist wohl auf dieses Phänomen gestoßen. Jesus verflucht einen Feigenbaum, der in dem Moment, da Jesus Hunger hat, keine Früchte trägt (vgl. Markus 11). Jesus verflucht den Feigenbaum in der Weise, dass in Ewigkeit niemand mehr eine Frucht von ihm essen soll (11,14). Was kann der Feigenbaum dafür, dass gerade keine Erntezeit ist? An mehreren Stellen im Neuen Testament verwendet Jesus Szenarien aus der Natur. Im Matthäusevangelium sagt Jesus im Rahmen der Bergpredigt: „Erntet man etwa von Dornen Trauben oder von Disteln Feigen?" In diesem Fall scheint er eine Kenntnis von Naturvorgängen an den Tag zu legen, die eher an die eines Großstädters unserer Tage erinnert. Er sucht an einem Feigenbaum Früchte, obwohl, wie uns Matthäus und Markus belehren, „nicht die Zeit der Feigen war". Da Jesus nichts ohne plausiblen Grund tat, stellt sich also die Frage, was er mit dieser Veranschaulichung bezweckte? Über die Tempelreinigung heißt es häufig, dahinter stünde ein tieferer Sinn (Mark. 11, 15-18). Es handle sich um ein alttestamentliches Bild für das Gericht über Israel, das seine heilsgeschichtliche Vorrangstellung aufgrund seiner Ablehnung Jesu eingebüßt habe. Im Kontext geht es um Glaube und Gebet, denn Jesus spricht von einem Glauben, der einen Berg versetzt, und davon, dass sein Haus ein Gebetshaus sein soll! Richtig gelesen, Jesus spricht hier von einem Berg, nicht von Bergen. Natürlich denke ich, dass es okay ist, diese Passage so auszulegen, dass wir die Berge unserer Umstände durch den Glauben, der aus Christus kommt, versetzen können. Doch was meinte Jesus mit diesem einen Berg und was hat dieser Glaube mit dem verdorrten Feigenbaum zu tun? Schauen wir uns kurz die entsprechende Schriftstelle an.

Markus 11, 12ff (SLT)

Und als sie am folgenden Tag Bethanien verließen, hatte er Hunger. Und als er von fern einen Feigenbaum sah, der Blätter hatte, ging er hin, ob er etwas daran finden würde. Und als er zu ihm kam, fand er nichts als Blätter; denn es war nicht die Zeit der Feigen. Und Jesus begann und sprach zu ihm: Es esse in Ewigkeit niemand mehr eine Frucht von dir! Und seine Jünger hörten es. Und sie kamen nach Jerusalem. Und Jesus ging in den Tempel und begann die hinauszutreiben, die im Tempel verkauften und kauften; und er stieß die Tische der Wechsler um und die Stühle der Taubenverkäufer. Und er ließ nicht zu, dass jemand ein Gerät durch den Tempel trug. Und er lehrte und sprach zu ihnen: Steht nicht geschrieben: »Mein Haus soll ein Bethaus für alle Völker genannt werden«? Ihr aber habt eine Räuberhöhle daraus gemacht! Und die Schriftgelehrten und die obersten Priester hörten es und suchten, wie sie ihn umbringen könnten; denn sie fürchteten ihn, weil die ganze Volksmenge über seine Lehre staunte. Und als es Abend geworden war, ging er aus der Stadt hinaus. Und als sie am Morgen vorbeikamen, sahen sie, dass der Feigenbaum von den Wurzeln an verdorrt war. Und Petrus erinnerte sich und sprach zu ihm: Rabbi, siehe, der Feigenbaum, den du verflucht hast, ist verdorrt! Und Jesus antwortete und sprach zu ihnen: Habt Glauben an Gott! Denn wahrlich, ich sage euch: Wenn jemand zu diesem Berg spricht: Hebe dich und wirf dich ins Meer!, und in seinem Herzen nicht zweifelt, sondern glaubt, dass das, was er sagt, geschieht, so wird ihm zuteilwerden, was immer er sagt. Darum sage ich euch: Alles, was ihr auch immer im Gebet erbittet, glaubt, dass ihr es empfangt, so wird es euch zuteilwerden! Und wenn ihr dasteht und betet, so vergebt, wenn ihr etwas gegen jemand habt, damit auch euer Vater im Himmel euch eure Verfehlungen vergibt. Wenn ihr aber nicht vergebt, so wird auch euer Vater im Himmel eure Verfehlungen nicht vergeben.

Hier noch einmal die Zusammenfassung in meinen Worten.

Auf dem Weg in den Tempel bekommt Jesus Hunger. Sie halten an einem Feigenbaum an, der zu dieser Zeit keine Früchte trägt. Jesus spricht zu dem Feigenbaum und setzt seinen Weg zum Tempel fort. Im Tempel angekommen, schmeißt er alle Leute hinaus, die versuchen, im Tempel Geld zu verdienen. Am nächsten Morgen kommen sie wieder an dem Feigenbaum vorbei, der zur Überraschung der Jünger von der Wurzel an vertrocknet ist. Jesus sagt: Habt Glauben an Gott. Im griechischen heißt es hier: **Habt den Glauben Gottes! (Du kannst den Glauben Gottes haben, denselben, den Jesus hatte.)** Wenn jemand zu diesem Berg spricht, wird er sich wegbewegen.

Wow, was für eine Schriftstelle. Persönlich glaube ich, dass Jesus auf etwas ganz anderes hinaus wollte. Womit bedeckten sich Adam und Eva, nachdem sie von der verbotenen Frucht gegessen hatten und bevor sie sich unter Scham vor Gott versteckten? Mit Feigenblättern (Vgl 1. Mose 3). Warum also verfluchte Jesus (dem Gefühl nach zur falschen Zeit am falschen Ort) einen wehrlosen Feigenbaum? Jesus verfluchte die Selbstgerechtigkeit, mit welcher Adam und Eva sich vor Gott hatten kleiden wollen. Gott selbst gab ihnen daraufhin ein Lammfell, welches sich auf Jesus bezog, der für uns geschlachtet werden würde (Johannes 1, 29/ Johannes 1, 36). Der Feigenbaum auf dem Weg zum Tempel versinnbildlicht die Selbstgerechtigkeit, mit der die Menschen versuchten, vor Gott zu bestehen. Doch das geht nicht. Selbstgerechtigkeit sagt, ich brauche das Opfer Jesu nicht, ich schaffe es selbst! Doch niemand schafft es selbst, deshalb musste Jesus sterben. Die Verfluchung des Feigenbaums durch Jesus verkündet: Niemand mehr muss sich vor Gott wegen seiner Fehler verstecken oder sich selbst aus dem Sumpf ziehen.

Im Tempel angekommen, vertrieb Jesus alle, die versuchten, durch ihre religiösen Geschäfte Profit zu machen, anstatt dem Hause Gottes Ehre zu erweisen. Es gab dort Menschen, die Tauben verkauften. Ist das nicht ein komischer Vers? *„Und sie kamen nach Jerusalem. Und Jesus ging in den Tempel und begann die hinauszutreiben, die im Tempel verkauften und kauften; und er stieß die Tische der Wechsler um und die Stühle der Taubenverkäufer."* Vor einiger Zeit als ich diese Passage las, ging ich später am Nachmittag ins Fitnessstudio. Verschwitzt und mit gutem Pump unterwegs, hörte ich Gott zu mir sagen: „Steve, ich habe diese Stelle aus einem ganz bestimmten Anlass in meinem Wort. Willst du ihn wissen?" Natürlich wollte ich das wissen, denn die Taubenverkäufer ergaben für mich keinen Sinn. Ich schlug meine Bibel auf und landete in 3. Mose. 5. Dort ist die Rede von fünf Opferritualen. Bei zwei dieser Rituale konnte man anstelle eines reinen Lammes Tauben opfern. Dies galt für all diejenigen, die kein Lamm zur Sühnung ihrer Sünde aufbringen konnten. Die Taubenverkäufer im Tempel halfen also den Menschen, die für ein Lamm zu arm waren. Natürlich war dies ein sehr korruptes Geschäft, das die Menschen ausbeutete, denn jeder musste ja ein Opfer bringen. Es ist wie beim Essen kaufen im Flughafen. Die Geschäfte wissen, dass du keine Wahl hast, und deshalb sind die Preise so hoch.

Jesus schmiss die Taubenverkäufer hinaus, denn niemand konnte dieses Opfer „bezahlen", welches er bringen würde! Jesus bezahlte den ultimativen Preis. Jesus schmiss alle diese Dinge aus dem Tempel hinaus, mit welchen sie sich vor Gott selbst reinigen wollten. Er läutete mit seinem Handeln einen neuen Bund ein, der mit seinem Tod beginnen sollte und unter welchem keiner mehr versuchen muss, aus eigener Kraft gerecht zu werden, sondern jeder aus Glauben gerecht vor Gott stehen kann (vgl. Römer 5).

Hebräer 10

Das Gesetz lässt also nur ein Schattenbild der künftigen Güter erkennen, nicht deren wahre Gestalt. ***Mit seinen Jahr für Jahr dargebrachten und immer wieder gleichen Opfern kann es die, die vor Gott treten, niemals völlig von ihrer Schuld befreien.*** *Wenn es anders wäre, hätte man dann nicht schon längst aufgehört zu opfern? Denn der Opfernde wäre*

> *ja mit einem einzigen Opfer für immer rein, und seine Sünden würden sein Gewissen nicht länger belasten.*
>
> ***Tatsache jedoch ist, dass die Menschen durch die Opfer alljährlich wieder neu an ihre Sünden erinnert werden.***
>
> *Das Blut von Stieren und Böcken ist eben nicht imstande, Sünden wegzunehmen.*
>
> *Darum hat Christus, als er in die Welt kam, gesagt: »Opfer und Gaben willst du nicht; stattdessen hast du mir einen Leib gegeben.* ***An Brandopfern und Sündopfern hast du kein Gefallen.*** *Da habe ich gesagt: Hier bin ich! ´Ich weiß, dass` in der Schrift von mir die Rede ist, und bin gekommen, um deinen Willen, o Gott, zu tun.«* ***Christus sagt also zunächst: »Opfer und Gaben, Brandopfer und Sündopfer willst du nicht; du hast kein Gefallen daran.« Er sagt das, wohlgemerkt, von den Opfern, die das Gesetz vorschreibt.***
>
> *Dann aber fährt er fort: »Hier bin ich! Ich bin gekommen, um deinen Willen zu tun.« Das bedeutet nichts anderes, als dass er die alte Ordnung aufhebt, um eine neue in Kraft zu setzen. Und weil Jesus Christus den Willen Gottes erfüllt und seinen eigenen Leib als Opfer dargebracht hat, sind wir jetzt* ***ein für alle Mal geheiligt.***

Nach diesem allem sprach Jesus zu ihnen: *„Habt den Glauben Gottes, und wer zu diesem Berg spricht: Hebe dich ... so wird er sich hinfort bewegen“*. Der Berg, der sich also laut Jesus versetzen soll, besteht meiner Meinung nach aus Selbstgerechtigkeit, Scham und einem sündenzentrierten Leben, weil uns diese Dinge davon abhalten, die

Güte und Liebe Gottes wahrzunehmen. **Jesus räumte alles aus dem Weg, was zwischen dir und Gott stand, damit du freien Zugang zu ihm hast und stets ohne Scham zu ihm kommen kannst und damit dein Glaube zu seinem wird, wenn du ihn anschaust.** Schluss mit Selbstgerechtigkeit, wandle im Glauben Gottes!

Sacharia 4,7

Wer bist du, großer Berg? Vor Serubbabel werde zur Ebene! Und er wird den Schlussstein herausbringen unter lautem Zuruf: Gnade, Gnade für ihn!

Glaube aus Liebe

Früher hatte ich immer ein mulmiges Gefühl in der Magengegend, wenn ich das Wort „Glauben“ hörte. Vor allem deshalb, weil es für mich ein Wort voller Forderungen und unerreichbarer Maßstäbe war, die ich nie erreichen konnte. „Du musst mehr glauben“, „Glaube ist wie ein Muskel, beginne ihn zu trainieren!“, „du musst alles über Bord werfen und anfangen im Glauben zu leben“. All das waren Sprüche, die ich mir als junger Christ anhören durfte. Vielleicht ist es dir ja ähnlich ergangen. Jedes Mal, wenn von Glauben die Rede war, erzeugte das bei mir einen inneren Druck. Wenn man in der Bibel liest, dass man ohne Glauben Gott nicht gefallen kann (vgl. Heb.11) oder dass man im Reich Gottes für alles Glauben braucht, dann kann diese Tatsache einen schon unter Druck bringen. Deshalb ertappte ich mich früher des Öfteren dabei, wie ich meinen „Glaubenslevel“ analysierte. Und je nachdem, wie diese Analyse ausfiel, wurde ich aktiv und versuchte, mich zu bessern. Letztendlich ermüdete mich dieser Lebensstil und reduzierte mich auf meine Möglichkeiten, anstatt in der Dimension Gottes zu leben. Jesus lehrte uns, dass es um das Bewusstsein der Größe Gottes geht, und nicht um die Größe meines Glaubens. (vgl. Matt. 17,20) Ein Senfkorn-Glaube würde genügen, um einen Berg zu versetzen. Wenn wir Gott in seiner Allmacht sehen, haben wir automatisch Glauben. Die pure „unscheinbare" Erkenntnis der Realität von Gottes Allmacht ist genug, um Zeichen und Wunder zu erleben. Glaube ist tatsächlich die „Währung des Himmels" und die Brücke zu allem was mit Gott zu tun hat, bzw. was von ihm kommt. Was Glaube jedoch ausdrücklich nicht ist, ist meine Leistung, mit der ich Gott bezahle, um was von ihm zu bekommen! Wenn wir uns ständig auf unseren Glauben fokussieren, der viele Höhen und Tiefen hat, verpassen wir es, auf Gott zu schauen, dessen Glauben immer bei 100% liegt, und wir versuchen unwillkürlich, es aus eigener Leistung zu schaffen. Doch wir werden nicht durch unseren Glauben gerettet, sondern durch sein Werk am Kreuz. Glaube, der durch menschliche Leistung hervorgebracht wird, bewirkt das Gegenteil dessen, was unser himmlischer Papa sich dabei gedacht hat, nämlich Verdammnis. Dieser Glaubensdruck zerstört die liebevolle Beziehung, aus der Glauben eigentlich fließen soll. Glauben zu können, ist Gnade! Glaube ist ein Geschenk. Glaube ist letztendlich nicht das Ergebnis meiner Leistung, sondern die Antwort auf seine Liebe, die in mir wirkt!

Galater 2,19b - 20

Ich bin mit Christus gekreuzigt, und nicht mehr lebe ich, sondern Christus lebt in mir; was ich aber jetzt im Fleisch lebe, lebe ich durch den Glauben des Sohnes Gottes, der mich geliebt und sich selbst für mich hingegeben hat.

In den meisten Übersetzungen lautet diese Stelle: *„... Was ich aber jetzt im Fleisch lebe, lebe ich durch den Glauben an den Sohn Gottes...“* Sie waren sich nicht sicher, was Paulus mit dem „Glauben des Sohnes Gottes“ gemeint haben könnte. Diese Stelle wird daher mit *„Glauben an den Sohn Gottes“* übersetzt, da aus einer Reihe anderer Schriftstellen hervorgeht, wie wichtig es ist, dass wir unser Vertrauen auf ihn setzen. An dieser Stelle spricht Paulus allerdings von etwas anderem. Vom Originaltext her ist völlig klar, dass es hier darum geht, wem unser Glaube gehört und nicht, wohin er gerichtet ist. Mit anderen Worten: Paulus sagt, dass er aus dem Glauben Jesu lebt, nicht aus seinem eigenen Glauben. Kann dann Glaube überhaupt als Muskel bezeichnet werden?

Wie oft fühlen wir uns schwach im Glauben? Du kannst noch so sehr versuchen zu glauben, der Glaube entgleitet dir trotzdem. Wie kann man etwas aufbringen, was man gar nicht hat? Andere mögen vielleicht Recht haben, wenn sie sagen, wir müssten Jesus einfach mehr vertrauen. Hilfreich ist das jedoch selten.

Glaube fließt aus einer Beziehung mit dem, der sich das Ganze ausgedacht hat. Jesus ist unser Anfänger und Vollender des Glaubens (vgl. Hebräer 12). Glaube ist zuallererst Vertrauen (vgl. Hebräer 11), und zwar Vertrauen auf das, was Gott zur Wahrheit erklärt hat. Noch mehr ist es das Vertrauen in Gott selbst, welcher nur GUT ist. Es ist ein Ruhen in seinen Verheißungen, frei von Druck, Stress und eigenen Werken.

Galater 5, 6 (ELB)

Denn in Christus Jesus hat weder Beschneidung noch Unbeschnittensein irgendeine Kraft, sondern der durch Liebe wirksame Glaube.

Über viele Jahre meinte mein damaliger Mentor, ich solle die „in"-Verse immer wieder lesen und markieren. „In" bedeutet „in Christus", also in unserer neuen Natur. In Christus zählen keine äußeren Anstrengungen mehr, um im Glauben zu wachsen. Nein, Jesus ist Mr. Glaube persönlich! Aus dieser Liebesbeziehung fließt Vertrauen und somit Glaube! **Dein „Glaubenslevel" steht in direkter Verbindung zu der Offenbarung Seiner Liebe.** Je mehr ich erkennen darf, wie sehr ich geliebt bin, umso leichter fällt mir bedingungsloses Vertrauen. Ich muss nicht alles hinterfragen, mich nicht absichern oder selbst die Kontrolle behalten. Nein, ich kann loslassen, mich fallen lassen, ich kann meine eigene Kraft aufgeben und völlig Papa Gott vertrauen, selbst dann, wenn ich es nicht verstehe, was gerade passiert. **Glaube ist die natürliche Reaktion auf seine vollkommene Liebe!**

> *... da wir von eurem Glauben in Christus Jesus gehört haben und von der Liebe, die ihr zu allen Heiligen habt.* (Kolosser 1, 4 ELB)

> *...denn ihr alle seid Söhne Gottes durch den Glauben in Christus Jesus.* (Galater 3, 26 ELB)

Habt ihr das kleine Wort „in" bemerkt? Das findet der aufmerksame Leser öfters beim Lesen der Bibel. Wir glauben nicht nur „an Jesus", wir glauben „in Jesus"! **Wir sind eins mit ihm gemacht durch das Werk vom Kreuz.** Wir sind in ihm, Teil seines Leibes. Wir haben Anteil an seiner Fähigkeit zu glauben. Gott kann glauben? Gegenfrage: Wie erschuf unser Gott die Erde? Gott sah, sprach und es geschah. Um es zu sehen, bevor es sichtbar wurde, musste er glauben. Glaube sieht! Glaube sieht, was die physischen Augen noch nicht sehen, mit dem Ziel, es sichtbar zu machen (Hebräer 11, 1).

Und Jesus antwortete und spricht zu ihnen: „*Habt Glauben an Gott!*“ (Markus 11, 22). Die Elberfelder Fußnote übersetzt es auch mit: ***Und Jesus antwortete und spricht zu ihnen: Habt Gottes Glauben!***

Mit anderen Worten: Seine Fähigkeit zu glauben, wächst in der Liebesbeziehung zu unserem Papa Gott. Hier ein Beispiel um das zu verdeutlichen: Wenn meine Tochter mir entgegenspringt wenn ich nach Hause komme und mir täglich bezeugt, wie froh sie ist, dass ich ihr Papa bin, dann würden wir bei meiner Tochter nicht unbedingt von einer Leistung sprechen, sondern von einer Erkenntnis, die aus den Erfahrungen resultiert, die sie in den letzten Jahren durch meine Bemühungen, ein guter Vater zu sein, machte. Ihre Liebe zu mir und ihr „Glaube“ an mich als Papa ist somit letztendlich nicht ihre Leistung, sondern das Ergebnis meiner Bemühungen. Trotzdem hat meine Tochter sich zweifelsohne entschieden, mich zu lieben und an mich zu „glauben“. Auf dieselbe Weise hilft uns Gott dabei, dass wir an ihn glauben können. Somit ist der Glaube in erster Linie eine Reaktion auf seine Liebe anstatt die Folge meiner Bemühungen. Wir nehmen von seinem Glauben und versuchen nicht, Glauben zu generieren. Du willst Glauben? Schau Jesus an! Da findest du Glauben, einen Glauben, der nicht wankt! Dort wächst er, während du dein Ohr an seine Brust legst und seine Worte hörst (Römer 10, 17). Da ist keine Anstrengung, kein Krampf, keine Forderung, kein Druck! Nur Liebe!

Wenn ich diese Grundlage verstehe, bereitet das „im Glauben leben“ keinen Leistungsdruck mehr sondern wird einfach Teil meines Lebens.

„Im Glauben leben“ assoziieren wir mit Zeiten, in denen wir auf die übernatürliche Versorgung Gottes angewiesen sind. Meine Frau Rosy und ich lebten so für viele Jahre und wir tun es heute noch. Das, was wir als „sicheres“ Einkommen ansahen/sehen, war/ist weniger, wie unsere Ausgaben. Doch Gott war treu und wir hatten nie Mangel. Ja, das ist eine Form von „im Glauben leben“. Oft planen wir als Fearless Gemeinde Veranstaltungen oder Anschaffungen mit Reich Gottes Vision, bei denen Gott übernatürlich eingreifen muss, sonst würde daraus nichts werden. Auch hier haben wir noch nie erlebt, dass wir Mangel hatten. Jede Entscheidung, die wir treffen, bei der wir nicht auf unsere Sicherheiten bauen können, sondern uns auf Gott verlassen müssen, ist eine Glaubensentscheidung. Es sind Entscheidungen, bei denen wir uns immer wieder neu aus dem Boot unserer menschlichen Möglichkeiten auf das Wasser Seiner göttlichen Möglichkeiten wagen müssen, um auf dem Wasser zu gehen.

Im Glauben zu leben ist nicht an eine bestimmte Phase gebunden. Ich höre nicht damit auf im Glauben zu leben, wenn mein Gehalt höher als meine Rechnungen ist. Oder weil das Projekt, für das wir Glauben aufbringen mussten, jetzt vorbei ist. Vielleicht gibt es in meinem Leben auch gar keine „Glaubens-Projekte“ oder Situationen, die ich nur im Glauben durchstehen kann. Bedeutet das, dass ich dann nicht im Glauben leben kann? Das kann es nicht bedeuten, denn dann wäre ja unser Glaubensleben vorbei. Nein, im Glauben zu leben beinhaltet noch viel mehr. Es ist genau das, was der Name sagt, nämlich ein Leben. Der normale Christ lebt auf diese Weise. Er lebt im Glauben. Es ist ein Wesenszustand. Sein Leben geschieht im und durch Glauben. Natürlich gehören zum Glaubensleben

Dinge, die nicht von dieser Welt sind, wie übernatürliche Versorgung, Zeichen und Wunder usw. Aber vor allem bedeutet es, in unserer himmlischen Identität zu leben! Unser Glaubensleben ist die Grundlage für alles. Jesus möchte, dass wir vom Himmel zur Erde leben, nicht von der Erde zum Himmel. Doch dazu muss uns bewusst sein was uns gehört und woher wir kommen (vom Himmel). Das Neue Testament hat nie einen anderen Lebensstil für uns vorgesehen, als im Glauben zu wandeln. Wir sind nicht mehr von dieser Welt, auch wenn wir noch in ihr sind. Doch wir sind nicht berufen diese Welt zu reflektieren, sondern Seine Welt! Die Welt, die Er Sein Zuhause nennt.

Im Glauben zu leben heißt also, im Vertrauen auf das zu leben, was Gott als wahr erklärt hat. Und Er ist unser Leben! Also lasst uns durch Ihn leben. Im Glauben! (Mehr zum Thema Glaube im letzten Kapitel)

Bewirk deine Erlösung mit Furcht und Zittern

Folgende Bibelstelle wird gerne zitiert, um nachzuweisen, dass es sehr wohl eine Zitterpartie ist, in den Himmel zu kommen, und wir uns ruhig dabei kräftig anstrengen sollen:

> Phil 2,12-13 (SLT)
>
> *Darum, meine Geliebten, wie ihr allezeit gehorsam gewesen seid, nicht allein in meiner Gegenwart, sondern jetzt noch viel mehr in meiner Abwesenheit,* ***verwirklicht eure Rettung mit Furcht und Zittern; denn Gott ist es, der in euch sowohl das Wollen als auch das Vollbringen wirkt nach seinem Wohlgefallen.***

Ich bin oft im Fitnessstudio unterwegs. In dieser Szene ist jeder für seinen eigenen Fortschritt verantwortlich. Je mehr du investierst, desto mehr kommt am Schluss heraus. Wie hart du arbeitest, hängt davon ab, wie sehr du möchtest, dass dein Bierbauch verschwindet.

Mit dieser Brille habe ich diese Verse oft gelesen und auch von den Kanzeln predigen gehört. Doch stimmt das tatsächlich? „Furcht und Zittern" im Zusammenhang mit „Bewirkt euer Heil" klingt nach „Streng dich an!". Wichtig wäre aber, einfach weiterzulesen, anstatt aus einem Vers eine ganze Theologie zu basteln.

Vers 13 folgt mit: *„**Denn** Gott ist es, der in euch wirkt, sowohl das Wollen als auch das Vollbringen wirkt zu seinem Wohlgefallen."* Nichts mit „streng dich an" und „verdiene dir deine Erlösung, Gebetserhörung, Heilung..." Gott bewirkt in uns das Wollen und Wirken! Wow. Seine Gnade befähigt uns, das Richtige zu tun und das Richtige zu wollen, nach seinem Wohlgefallen. Seine Liebe, die er ausgoss, bevor wir es verdienten, befähigt uns und bewirkt das Wollen. Selbst wenn es uns schwerfällt, er hilft uns durch seine Gnade, das Richtige zu tun. Gnade ist nicht nur die Türe in das Reich Gottes, in welchem du dir dann deine „Reife" selbst erarbeitest. Nein. Sie ist die Türe, denn Jesus ist die Türe, doch sie ist noch so viel mehr. Gnade befähigt dich, in deiner neuen Natur zu leben, die dir durch Christus geschenkt wurde. Du bist in Christus vollkommen gerecht, rein, heilig, makellos, und seine Gnade hilft dir, dementsprechend zu leben! **Sünde in unserem Leben offenbart den Mangel an Erkenntnis dieser neuen Natur.** Wenn wir verstehen würden, wer wir in Christus tatsächlich sind, würden wir nicht mehr sündigen wollen und uns wider dieser neuen Natur verhalten. Lass los von der Angst, du könntest dein

Heil durch einen Fehltritt verlieren, und lass seine Gnade dich befähigen, nach seinem Wohlgefallen zu leben.

> „Furcht und Zittern" war vermutlich eine Art Redewendung (ähnlich wie „ich prüfe dich auf Herz und Nieren" oder „über alle Berge sein"), die aus dem Hebräischen ins Griechische übertragen wurde (ein sogenannter Septuagintismus) – und damit längst nicht die Bedeutung hat, die man dieser Formulierung oft zumisst und die man ihr auch nur dann zumisst, wenn man auf der Suche nach Bibelversen ist, die unseren Beitrag am Erhalt unserer Errettung eventuell beweisen könnten. Übrigens ist es wenig wahrscheinlich, dass „Heil" in diesem Zusammenhang für die ewige Erlösung steht: denn die ist nun mal ein Geschenk, zu der wir nichts beitragen können.[4]

Neue Software

Wenn du einen Computer kaufst, dann sind bereits bestimmte Werkseinstellungen installiert. Der Internet Explorer hat bestimmte Voreinstellungen zu Farbe, Sprache, Schrift, Symbolleisten und so weiter. Das sind die Werkseinstellungen des Herstellers. Auch wir Menschen kommen mit einigen Werkseinstellungen auf diese Erde. Wir sind von Natur aus der Sünde zugeneigt. Eigentlich ist das alles, was wir kennen. Sünde, die gut aussieht, Sünde, die schlecht aussieht. Wir erleben das Leben im Fleisch als unsere Werkseinstellung. Aber bei unserer Errettung, wenn der Geist Christi unseren alten Menschen gegen einen neuen austauscht und Wohnung in uns bezieht, gibt er uns eine

4 https://konsequentegnade.wordpress.com/bibelstellen/furcht-und-zittern-philipper-214/

neue Werkseinstellung! Für einen Christen ist die Integrität das Normalste und Natürlichste auf der Welt. Ebenso ist es für einen Christen das Unnatürlichste und Seltsamste auf der Welt, zu sündigen. Natürlich begehen wir als Christen immer noch Sünden (1. Johannes 2,1). Das wird so bleiben, bis wir diese Welt verlassen. Aber es ist nicht mehr unsere Standardeinstellung (Natur), „immer weiter zu sündigen" oder „bedenkenlos weiter zu sündigen". **Wenn du mit Jesus lebst, kannst du noch sündigen, doch dir fehlt der Spaß dabei.** Jetzt, als neue Schöpfung in Christus, als neuer Mensch, ist die Sünde für uns etwas völlig Abnormales und Unnatürliches. Wir sind von Gott geboren und alles in unserer geistlichen DNA wehrt sich gegen die Sünde. Unsere neue Standardeinstellung ist, dass Christus durch uns lebt.

Hungrig

Wir lieben Lieder, die unserem „Hunger nach Gott" Ausdruck verleihen. Zumindest geht es mir so. Ich liebe es, hungrig zu sein, denn Hunger zieht den Himmel an. Jedoch müssen wir mit solchen Aussagen aufpassen, denn oft versteckt sich hinter „Du musst hungrig für Gott werden" Leistungsdruck anstelle von Leidenschaft. Gott will nicht, dass du hungrig bist. Er ist ein guter Vater! Ein Vater, über dessen Kinder man sich erzählt, dass sie immer hungern, ist kein wirklich guter Vater. Gott möchte, dass wir in ihm völlig satt sind. Hunger ist eine Form von Mangel, den wir bei Jesus nie finden werden. Er hat Leben im Überfluss (Johannes 10,10). Brauchen wir tatsächlich mehr als das, was er am Kreuz für uns tat? Das gilt auch für das Bibelstudium. Wir lesen die Bibel nicht, um uns für Gottes Segnungen zu qualifizieren. Wir lesen die Bibel, um etwas über unsere

Segnungen und unser Erbe in Christus zu erfahren, um den Charakter und die Natur Gottes kennenzulernen. Siehst du den Unterschied? Du musst dich nicht schuldig fühlen, wenn du die Bibel ein paar Tage nicht liest. Vielmehr solltest du Hunger nach dieser Lebendigen Speise empfinden und dich deshalb darauf freuen, wieder von ihr essen zu können. Gott hat nicht erst Gefallen an uns, wenn wir die Bibel lesen, lange Gebete sprechen und unsere Pflichten erfüllen. NEIN, ganz und gar nicht! **Gott hat Gefallen an uns, weil wir unser Vertrauen auf seinen Sohn Jesus setzen, der uns allein würdig gemacht hat.**

Mit dem Anbruch des Neuen Bundes, hat Gott den Alten Bund für veraltet erklärt, so sagt die Bibel (Hebräer 8,13). Wir sollten aufhören, an etwas festzuhalten, was die Bibel als veraltet bezeichnet. Das Gesetz verdammt die Besten unter uns. Sogar David war unter dem Gesetz verdammt und Gott nannte ihn einen Mann nach seinem eigenen Herzen. **Das Gesetz verdammt die Besten unter uns, aber die Gnade rettet die Schlechtesten von uns.** Wir werden schuldig am ganzen Gesetz, wenn wir uns zurück unter den Alten Bund begeben. Auf gleiche Weise bist du unter der Gnade von allem gerechtfertigt, wenn du EINE Sache richtig machst, und das ist, an Jesus Christus zu glauben (Apg. 13,39)! **Je sicherer du darin wirst, dass seine Liebe zu dir nicht an irgendeine Leistung geknüpft ist, desto mehr wirst du merken, dass du von dieser furchtbaren Last, etwas für ihn tun zu müssen, befreit bist.**

Im Reich Gottes werden wir „hungrig“ im positiven Sinne, indem wir essen. Das ist der Unterschied. Es gibt einen „Hunger“ nach Gott, welcher dich in Leistungsdruck führt, und einen „Hunger“, der aus der Beziehung kommt. Wenn die Gemeinschaft guter Freunde nach einem Wiedersehen schreit, dann mache ich dies zu meiner Priorität und versuche, mir Zeit für ein nächstes Treffen einzuräumen. Genau so ist das mit Gott. Seine Nähe kreiert in mir einen Hunger nach Intimität. Da gibt es keinen Druck von seiner Seite und keine Forderung, was ich alles tun muss, damit er zu mir kommt und wir Gemeinschaft haben können. Er liebte uns so sehr, dass er den Himmel in Bewegung setzte, um uns zu treffen. Wir dürfen einfach dieser himmlischen Umarmung folgen und zurück umarmen.

„Aber" - Glauben

Es gibt einen gesunden „Aber"- Glauben, das mag dich jetzt vielleicht schockieren. Jedes Mal, wenn der Feind dich mit einer Lüge angreifen möchte, antwortest du ihm mit einem „Aber". Jesus tat dies schon, als er selbst vom Teufel in der Wüste versucht wurde. (Matthäus. 4)

Wir müssen verstehen, dass der Teufel besiegt ist. Gott und der Teufel sitzen nicht am Tisch und veranstalten ein Armdrücken, bei welchem der Sieger das Urteil fällen darf. Der Teufel ist ein geschaffenes Wesen, was in keinem Vergleich zu der Größe Gottes steht. Er wurde bevollmächtigt durch den Sündenfall. Macht und Autorität, die einst Adam und Eva übertragen wurden, nahm der Teufel an sich, als Adam und Eva dem Teufel Glauben schenkten. Wir bevollmächtigen, was wir glauben. Trauriger weise war es Adam und Evas eigener Entschluss, gegen Gott zu rebellieren. Sie wurden Sklaven ihrer Sünden, obwohl sie eigentlich Herrscher über die ganze Erde sein sollten. Sie konnten Gottes Reich der Liebe und Güte nicht mehr verbreiten. Sie standen unter der Autorität des Teufels, der sie hasste. Sünde trennte sie nun von ihrem Vater, der sie liebte. Gott hätte den Teufel und seine Dämonen ohne mit der Wimper zu zucken vernichten können, aber er entschied sich dafür, die Dunkelheit auf der Erde auf eine andere Weise zu bekämpfen. **Sein Plan war sein Sohn, Jesus.** Er wollte sich zurückholen, was Adam und Eva verloren hatten – die Schlüssel zu Kraft und Autorität. Gott, der Vater, liebte nicht nur seinen Sohn; er liebte seine Kinder. Er liebt dich. Er war bereit, seinen eigenen Sohn sterben zu lassen, damit jeder, den er liebt, zu ihm kommen und seine unfassbare Liebe genießen kann. Es war der Liebesplan des Vaters. Wir bevollmächtigen einen besiegten Teufel, wenn wir seinen Lügen glauben. Er ist der Vater der Lüge! Eine Lüge kann jedoch mit der Wahrheit entlarvt und entwaffnet werden. Deshalb, wenn der Feind dich belügen möchte, halte ihm ein „Aber" vor!

Schauen wir uns doch einmal ein paar Verse an:

Epheser 2, 1ff

Auch euch hat Gott zusammen mit Christus lebendig gemacht. Ihr ***wart*** *(Vergangenheit) nämlich tot – tot aufgrund der Verfehlungen und Sünden, die euer früheres Leben bestimmten. Ihr hattet euch nach den Maßstäben dieser Welt gerichtet und wart dem gefolgt, der über die Mächte der unsichtbaren Welt zwischen Himmel und Erde herrscht, jenem Geist, der bis heute in denen am Werk ist, die nicht bereit sind, Gott zu gehorchen.* ***Wir alle haben früher so gelebt;*** *wir ließen uns von den Begierden unserer eigenen Natur leiten und taten, wozu unsere selbstsüchtigen* ***Gedanken*** *uns drängten. (Wem wir glauben, dem geben wir auch Vollmacht. Wenn wir uns belügen lassen, dann ist das unsere Schuld, nicht die des Teufels!) So, wie wir unserem Wesen nach* *waren, hatten wir – genau wie alle anderen – nichts verdient als Gottes Zorn.* ***Doch*** *Gottes Erbarmen ist unbegreiflich groß! Wir waren aufgrund unserer Verfehlungen tot,* ***aber er hat uns so sehr geliebt, dass er uns zusammen mit Christus lebendig gemacht hat. Ja, es ist nichts als Gnade, dass ihr gerettet seid! Zusammen mit Jesus Christus hat er uns vom Tod auferweckt (Vergangenheit), und zusammen mit ihm hat er uns schon jetzt einen Platz in der himmlischen Welt gegeben, weil wir mit Jesus Christus verbunden*** *sind. Bis in alle Ewigkeit will er damit zeigen, wie überwältigend groß seine Gnade ist, seine Güte, die er uns durch Jesus Christus erwiesen hat. Noch einmal: Durch ´Gottes` Gnade seid ihr gerettet, und zwar aufgrund des Glaubens. Ihr verdankt eure Rettung also nicht euch selbst; nein, sie ist Gottes Geschenk.*

Römer 7, 5-6

Denn als unser Leben noch von unserer eigenen Natur bestimmt ***war*** *(Vergangenheit), wirkten sich in allem, was wir taten, die sündigen Leidenschaften aus, die vom Gesetz geweckt wurden. Und die einzige Frucht, die das brachte, war der Tod.* ***Jetzt aber,*** *wo wir dem Gesetz gegenüber gestorben sind, das uns gefangen hielt, unterstehen wir ihm nicht länger. Wir stehen jetzt im Dienst einer neuen Ordnung, der des Geistes, und unterstehen nicht mehr der alten Ordnung, die vom Buchstaben des Gesetzes bestimmt war.*

1. Korinther 6, 9ff

Muss ich euch daran erinnern, dass die, die Unrecht tun, keinen Anteil am Reich Gottes bekommen werden, dem Erbe, das Gott für uns bereithält? Macht euch nichts vor: Keiner, der ein unmoralisches Leben führt, Götzen anbetet, die Ehe bricht, homosexuelle Beziehungen eingeht, stiehlt, geldgierig ist, trinkt, Verleumdungen verbreitet oder andere beraubt, wird an Gottes Reich teilhaben. Auch ihr gehörtet zu denen, die so leben und sich so verhalten – zumindest einige von euch. ***Aber*** *das ist Vergangenheit. Der Schmutz eurer Verfehlungen ist von euch abgewaschen, ihr gehört jetzt zu Gottes heiligem Volk,* ***ihr seid von aller Schuld freigesprochen****, und zwar durch den Namen von Jesus Christus, dem Herrn, und durch den Geist unseres Gottes.*

Epheser 3, 23- 25

Doch bevor ´die Zeit` des Glaubens begann, wurden wir alle zusammen unter ´der Aufsicht` des Gesetzes in Gewahrsam gehalten; unsere Gefangenschaft sollte erst ein Ende haben, wenn Gott uns den Weg des Glaubens eröffnen würde. Das Gesetz war also unser Aufseher, ´unter dessen strenge Hand Gott uns gestellt hatte,`* ***bis*** *Christus kam; denn es war Gottes Plan, uns auf der Grundlage des Glaubens für gerecht zu erklären.* ***Und jetzt,*** *wo ´die Zeit` des Glaubens da ist, stehen wir nicht mehr unter ´der Kontrolle` jenes Aufsehers.

Es gibt etliche „aber“ in der Bibel, die unsere Identität beschreiben. **Diese „aber“ befähigen uns, die Lüge zu überwinden und in der Wahrheit zu wandeln.**

Natürlich gibt es Leute, die die Gnade Gottes als Ausrede dafür benützen, ihre eigenen Ziele ohne schlechtes Gewissen zu verfolgen. Sie nehmen gerne die Vergebung Gottes und die Ewigkeit im Himmel an, leben aber weiterhin gefangen in ihrer Sünde. Da wir denen, die nicht nach Gottes Willen leben wollen, keine „billige Gnade“ zugestehen wollen, ertappen wir uns dabei, dass wir eine Liste von Erwartungen aufstellen, um besser definieren zu können, wie sich ein guter Christ zu verhalten hat. Ganz ehrlich, „billige Gnade“ gibt es nicht. Dieses Geschenk (Gnade) kostete Jesus sein teures, reines und vollkommenes Leben.

Es scheint geradezu, als ließen wir die Botschaft der Gnade nur für die erste Stunde nach der Bekehrung eines Menschen gelten. Danach beginnen wir, ihn mit den Pflichten eines guten Christen zu überhäufen.

> „Natürlich sind wir durch Gnade errettet, aber das heißt noch lange nicht, dass wir nur herumsitzen und die Hände in den Schoß legen können. Gott ist zwar ein liebender Vater, aber darauf kann man sich nicht ausruhen. Denn er ist auch ein strenger Richter. Wir sind zwar nicht durch Werke gerechtfertigt, aber wir müssen trotzdem ein ihm wohlgefälliges Leben führen.“[5]

Mit diesem Statement ist normalerweise eine Kombination aus Bibellesen, Gebet, Gemeindebesuch und guten

5 https://endzeit-reporter.org/web/wp-content/uploads/2015/12/Die-Verwandlung-Teil-33.pdf

Taten gemeint. Wir landen genau dort, wo wir angefangen haben: in einer leistungsorientierten Beziehung zu Gott. Wir müssen uns jeden Tag darüber Gedanken machen, ob wir genug getan haben, um ein guter Christ zu sein, und legen den anderen den gleichen Maßstab an. Das beraubt uns nicht nur der Freude, Gott zu kennen, sondern verhindert auch, das wird durch unsere Beziehung untereinander ermutigt werden. **Wann immer wir dem Erlösungswerk Gottes etwas hinzufügen, wird die Botschaft verzerrt und ihre Kraft geraubt.** Paulus weist klar und deutlich darauf hin, dass nur das Kreuz ihn von Grund auf verändert hat: *„Mir aber sei es fern, mich zu rühmen als nur des Kreuzes unseres Herrn Jesus Christus, durch das wir die Welt gekreuzigt ist und ich der Welt"* (Galater 6,14). **Gnade braucht keine Ergänzungen.** Auch im Umfeld von Paulus zogen manche ihre neue Freiheit als Ausrede für das Fleisch heran. Er warnte davor und wusste gleichzeitig, dass die Lösung des Problems nicht darin bestand, dass man zur Gnade Gottes die menschliche Bemühung hinzufügte. Das ist eine ebenso paradoxe Wahrheit wie Jesu Aussage, dass wir unser Leben finden, indem wir es verlieren: **Das Leben in seiner Gnade führt zur Freiheit von der Sünde, Leben unter seinem Gericht führt nur noch tiefer hinein.** Das war schon immer so, auch wenn es sich dem menschlichen Verstand entzieht. Der Grund ist, dass wir viel mehr daran gewöhnt sind, uns den äußeren Gegebenheiten anzupassen, anstatt durch seine innere Gegenwart verändert zu werden. Viele, die letzteres nie erfahren haben, zweifeln daran, dass es überhaupt funktioniert. Es funktioniert aber! Wenn du Gottes Wohlgefallen an dir als seinem Kind und die daraus entstehende Freude an der Freundschaft erlebst, wirst du feststellen, dass du deine eigenen Wünsche loslassen und die seinigen ergreifen wirst. Dieses Wohlgefallen bedeutet natürlich nicht, dass er all unser Tun gutheißt. Er weiß einfach, dass wir ohne ihn der Sünde machtlos ausgeliefert sind und dass es - auch wenn wir noch so willensstark sind - nicht lange dauern wird, bis wir noch stärker gebunden sein werden. Nimmt Gott also die Sünde ernst? Sehr sogar! Wir begehen einen fatalen Fehler, wenn wir versuchen, die Bibel so umzubiegen, dass sie denen Erlösung anbietet, die nur in den Himmel kommen, aber keine Beziehung zum lebendigen Gott haben wollen. Bieten wir Ihnen einen minimalen Verhaltensstandard an, womit sie sich ebenfalls für die Errettung qualifizieren, während sie weiterhin ihre eigenen Ziele verfolgen, verdrehen wir das Evangelium! Wir berauben es seiner Kraft und denken uns gesetzliche „Spielchen“ aus, so dass sich diese Menschen in falscher Sicherheit wiegen. Sünde zerstört, was er liebt. **Keiner, der die Gnade des Vaters versteht, glaubt, dass Gnade Sünde ungestraft lässt.** Stattdessen lässt uns die Gnade unsere Schwächen und Fehler im vollem Licht der Liebe Gottes erkennen. Sie ermutigt uns, den Vater in die dunkelsten Stellen unseres Herzens hinein zu lassen und ihn zu bitten, uns zu verändern. Er möchte dich verändern, indem er dir hilft, jeden Tag in seiner Liebe zu leben. Wenn du lernst, seine Stimme zu hören und seine Hand in deinem Leben zu erkennen, wirst du ihm sogar noch ähnlicher werden wollen.

Heilsgewissheit

Das Thema unseres Heils ist für viele Christen sehr aktuell. Viele fragen sich täglich, ob sie errettet sind. Mir selbst ging es öfters mal so, dass eine kleine Stimme im Ohr mir immer wieder Zweifel einredete und meine Errettung hinterfragte. Oft passiert dies in Situationen, in denen wir „fallen“ und bereuen, was wir getan haben. In diesem Bewusstsein der Sünde rückt der Mangel an Treue in den Mittelpunkt, die - in unserer Vorstellung - dazu führen wird, dass Gott uns bestraft. Aber durch den neuen Bund verkündet Papa Gott in Jesus etwas völlig anderes. Jesus war der Freund der Sünder! Nicht ihr Feind. Er war derjenige, der den Sündern, Kranken, Armen mit Liebe und Annahme begegnete, ganz im Gegensatz zu den Religiösen. **Religion versucht, unsere Treue zu Gott ins Rampenlicht zu rücken, weil sie möchte, dass wir uns auf diese Weise die eigene Rettung erkaufen wollen.** Doch da verwechseln wir den Neuen Bund mit dem Alten. Gott liebt uns, bevor wir ihm in irgendeiner Form treu sein können. Durch unsere Treue zu seinen Versprechen können wir uns nichts verdienen, lediglich das in Anspruch nehmen, was er uns verheißen hat! Der ganze Sinn des Neuen Bundes besteht darin, das Problem unserer Treuelosigkeit auszumerzen, das wir auf dem alten Weg hatten: „Sie sind meinem Bund nicht treu geblieben“ (Hebräer 8,9). Gott erklärt: *„Wenn wir untreu sind, so bleibt er doch treu; er kann sich selbst nicht verleugnen“* (2 Tim 2,13). **Wenn er uns verleugnen würde, müsste er sich selbst verleugnen, denn er lebt auf ewig in uns!** Gott möchte, dass wir uns dieser Gewissheit erfreuen. Und wenn wir zulassen, dass das Werk Jesu in den Mittelpunkt unseres Lebens rückt, können wir mit Zuversicht und Überzeugung täglich dankend sagen: Ich bin durch Jesus gerettet!

Du bist Liebe

„Die größte Kraft deines Lebens ist, der Liebe Gottes dir gegenüber zu glauben " - Dan Mohler

Wir wachsen mit dem Denken auf, Liebe wäre ein romantisches Gefühl, welches wie bei einem Rosamunde Pilcher Film zwischen zwei Menschen entflammt, die es ohne einander nicht mehr aushalten. Der eine sagt zum anderen: „Ich liebe dich, ich kann ohne dich nicht mehr leben." Solche Szenen im Kopf produzieren ein egoistisches Denken, aber keine wahre Liebe. **Liebe wartet bei einem Liebesgeständnis nicht auf eine Antwort, sie gibt einfach. Wahre Liebe ist bedingungslos - sie fordert nichts zurück! Die skandalöse Botschaft des Evangeliums: Du wurdest geliebt, bevor du irgend etwas getan hast.**

Das Evangelium ist keine Verhaltensverbesserung, sondern Transformation! Liebe ist eine Person - Gott der Vater. Jesus als „perfekter" Sohn ohne Sünde zeigte uns, wie Liebe auf dieser Erde wandelt. Gott schuf uns in seinem Bild (1. Mose), was nicht nur bedeutet, dass wir physisch wie er aussehen (Bauch, Beine, Po..), sondern auch, dass wir seine Natur repräsentieren. Wenn Papa Gott also Liebe ist und wir in seinem Bild geschaffen sind - sind wir Liebe. **Liebe zu sein, bedeutet, wie Jesus zu sein!**

Römer 8, 29 (ELB)

Denn die er vorher erkannt hat, die hat er auch vorherbestimmt, dem Bilde seines Sohnes gleichförmig zu sein, damit er der Erstgeborene sei unter vielen Brüdern.

Jesus zeigte uns als Bruder, wie wir hier auf Erden leben können. Unsere Berufung ist, so auszusehen, wie der Sohn (Jesus)! **Jesus zeigte uns nicht nur, wer der Vater ist, sondern offenbarte uns auch, wer wir sind.** Gottes und somit auch Jesu Natur wird in 1. Korinther 13, 4-8 geschildert.

> *Liebe ist geduldig, Liebe ist freundlich. Sie kennt keinen Neid, sie spielt sich nicht auf, sie ist nicht eingebildet. Sie verhält sich nicht taktlos, sie sucht nicht den eigenen Vorteil, sie verliert nicht die Beherrschung, sie trägt keinem etwas nach. Sie freut sich nicht, wenn Unrecht geschieht, aber wo die Wahrheit siegt, freut sie sich mit. Alles erträgt sie, in jeder Lage glaubt sie, immer hofft sie, allem hält sie stand. Die Liebe vergeht niemals.*

Liebe ist geduldig, nicht verletzt, nicht beleidigt, nicht enttäuscht, zieht sich nicht zurück... Wenn man ihr Böses tut, trägt sie es nicht nach, sondern vergibt. Sie glaubt immer, ist nicht nachtragend, sucht nicht das ihre, verführt nicht zur Sünde, freut sich an der Wahrheit und Gerechtigkeit... Sie ist nicht unsicher, da sie weiß, wer sie ist. **Jesu Charakter wird in der Definition der Liebe sichtbar!** Die Evangelien liefern uns ein Bild davon, wie Jesus diese Liebe lebte. Jesus ließ niemals zu, dass **Sünde gegen ihn Sünde in und durch ihn bewirkte.** Sogar am Kreuz, als ihn all seine Freunde verließen, als er unschuldig verurteilt wurde, rief er: *„Vater, vergib ihnen, denn sie wissen nicht, was sie tun.“* (Lukas 23, 34). **Egal, wie sehr es um ihn herum stürmte, er war sich der Liebe des Vaters sicher.** Dies ist der Schlüssel, Liebe zu sein!

Du wirst ein Überwinder deiner Umstände, sobald du dir seiner Liebe sicher bist. Das nächste Mal, wenn eine Situation dich „zerquetschen“ möchte, lass Christus aus dir fließen. Wenn Orangen ausgepresst werden, fließt Orangensaft aus der Frucht, bei Äpfeln, die man auspresst, ist es der Apfelsaft. Beim Christen sollte es genauso sein. Wenn wir vom Leben gepresst werden, sollte nicht Sünde, unser altes Ich oder gar der Teufel aus uns herauskommen, sondern Christus. Herausforderungen bedeuten, dass etwas aus uns herausgefordert wird. Was wird herausgefordert? Christus in dir! Warum nehmen wir Beleidigungen, eine ungerechte Behandlung etc. persönlich? Weil wir nicht wissen, wer wir sind. Unsere Sicherheit schöpfen wir aus dem, was Menschen über uns sagen und denken (die wir vielleicht nicht länger als wenige Minuten kennen), anstatt aus der Liebe und Annahme unseres Vaters. Mit anderen Worten: Die Worte von Menschen haben in unserem Leben mehr Gewicht als die unseres bedingungslos liebenden Vaters. Behandelt uns jemand falsch, führt das oft dazu, dass wir falsch reagieren. Sünde gegen uns bewirkt dann Sünde in uns. Wir handeln im „selben“ Geist, anstatt im „entgegengesetzten“ Geist.

Im Gottesdienst heben wir die Hände und singen von Liebe, aber wenn im anschließenden Restaurantbesuch mit dem Essen etwas nicht stimmt, scheint von dieser Liebe plötzlich nichts mehr in uns übrig zu sein. Wir beten für die „Gunst Gottes“, er möge uns doch den Parkplatz ganz vorne am Einkaufszentrum geben, doch verschwenden wir nicht einen Gedanken an unseren Nächsten, der deswegen viel weiter hinten parken muss. Wie egoistisch unsere Gebete manchmal sind. Das hat nichts mit Liebe zu tun! Es gibt unzählige Beispiele, aber das muss nicht so bleiben! **Wenn das nächste Mal jemand versucht, dich zu verletzen, dann wisse, dass das Problem nicht bei dir liegt, sondern bei der Person, die dich angreift. Die Schwachheiten anderer bestimmen nicht länger unsere Stärken.** Mit dieser Erkenntnis können wir für sie beten und nehmen nichts mehr persönlich. Das klingt doch unmöglich, Steve! Was am Evangelium ist den „möglich"? Aus eigener Kraft - nichts. Aus der Kraft und Gnade Jesu - alles. Es wird möglich, wenn wir auf Jesus schauen, uns völlig auf seine Gnade werfen und seinem Geist in uns vertrauen, dass er dafür sorgt, dass Jesus durch uns lebt. Du magst denken, dass wir unser Leben nicht mit dem Leben Jesu vergleichen können. Erinnerst du dich noch an Stephanus? (vgl. Apg. 7). Er betete dasselbe Gebet wie Jesus, als er um des Evangeliums willen gesteinigt wurde. Er zeigte uns, was es heißt, ein guter „Nachahmer Gottes als geliebtes Kind" zu sein. Wenn du weißt, dass seine Liebe dich zur Fülle bringt und du in ihr hast, was du benötigst, brauchst du keine anderen Menschen mehr, die dich glücklich machen. Dann kannst du anfangen, zu geben, anstelle zu nehmen. Aber Steve, es ist doch ein „Geben und Nehmen". Du hast von Gott bekommen, nun gib. Du bist nicht länger auf die Laune deiner Mitmenschen angewiesen, um Liebe weitergeben zu können, da es nicht sie sind, die dich zuerst geliebt haben. Früher sagte ich zu meiner Frau: „Ich liebe dich", mit dem Ziel, von ihr „Ich liebe dich auch" zu hören. Wenn sie es nicht erwiderte, war ich innerlich gekränkt. Das ist ziemlich egoistisch, das ist keine Liebe! Das Gegenteil ist der Fall, denn „Liebe sucht nicht das ihre" und „Liebe lässt sich nicht ärgern". Das Waisendenken hat Angst um sich selbst, Angst, nicht genug zu bekommen, und kämpft ums Überleben. Das unerneuerte Denken sieht immer zuerst sich selbst! In Christus brauchen wir das nicht mehr. Die Fülle Gottes wohnt in uns (Kolosser 2)! Meine Frau muss mir nicht mehr antworten, damit ich glücklich bin. Mein Glück ist Jesus! Wenn Christus alles für mich und damit mein Glück ist, kann ich aufhören, meine Umgebung kontrollieren zu müssen, damit sie mich glücklich macht. Stattdessen kann ich in der Fülle Christi glücklich sein und meiner Umgebung helfen, glücklich zu werden. Seine Liebe ist ausgegossen in mein Herz durch den Heiligen Geist (Römer 5), und weil ich sie empfangen habe und immer mehr erkenne, will ich sie nicht für mich behalten!

Jesus sagte: „Folge mir nach!", also muss es auch möglich sein!

„Zeugnis

Lieber Steve, du warst vor kurzem in unserer Gemeinde und hast gepredigt. Als du Gebet angeboten hast, bat ich dich, für meine Mutter zu beten, die einen Schlaganfall, einen Herzinfarkt und angeblich Alzheimer hatte. Zu der Zeit befand sie sich in einer geschlossenen Psychiatrie. Du hast gebetet, dass alle diese Dinge keinen Einfluss auf sie haben. Gott hat dieses Gebet großartig erhört! Sie ist zu Hause, macht ihren Haushalt, kocht nach wie vor hervorragend und es scheint, als wäre nie etwas gewesen. Gewaltig! Gott segne deinen Dienst. Liebe Grüße C.

Gott ist gut! Er gab seinen Söhnen und Töchtern Autorität (Lukas 10). Nutze sie, sprich zum Berg und erwarte, dass Gott das Unmögliche tut.

„Gerecht

Römer 5:21

„Denn genauso, wie die Sünde geherrscht und den Menschen den Tod gebracht hat, soll die Gnade herrschen, indem sie Zugang zu Gottes Gerechtigkeit verschafft und zum ewigen Leben führt durch Jesus Christus, unseren Herrn."

Gerecht, um die Audienz des Königs in die Welt zu tragen!

Hebräer 5, 12+ 13 (LUT)

„Und ihr, die ihr längst Lehrer sein solltet, habt es wieder nötig, dass man euch die Anfangsgründe der göttlichen Worte lehre und dass man euch Milch gebe und nicht feste Speise. Denn wem man noch Milch geben muss, der ist unerfahren in dem Wort der Gerechtigkeit, denn er ist ein kleines Kind."

2017 sprach Gott zu mir, dass ich mich des Themas Gerechtigkeit annehmen solle. Mehr als ein Jahr lang studierte ich es und machte mir Notizen. Oftmals hielt ich beim Studium oder Lesen der Bibel inne und schrieb den Vers in mein Notizbuch. Auf diese Weise notierte ich die Gedanken, die der Heilige Geist mir dazu mitteilte. Es wurden und werden immer noch viele Seiten. Dieser Prozess brachte im Laufe der Zeit viel Wahrheit hervor. Was der Herr mich über Gerechtigkeit lehrte, ist zweifelsohne lebensverändernd. Mein Leben und das Leben vieler anderer veränderte sich grundlegend, als wir die „Gerechtigkeit Gottes" mehr und mehr verstanden und in ihr lebten. Danach sagte der Herr, ich solle ein Jahr lang über Gerechtigkeit predigen.

Gerechtigkeit ist keine neue Lehre oder Theologie. Gerechtigkeit ist der Gerechte selbst - Jesus Christus. Er ist die Gerechtigkeit!

Sklaven der Sünde

Bei unserer Geburt sind wir im Fleisch. Solange der Geist Gottes nicht in uns wohnt, können wir gar nichts anderes tun, als unser Leben nach dem Fleisch zu führen. Die Bibel nennt uns sogar „Sklaven der Sünde" (vgl. Römer 6,23). Ein Sklave ist dazu verurteilt, das zu tun, was sein Meister von ihm möchte. Sünde war unser Meister, was bedeutet, dass wir gar nicht anders konnten, als zu sündigen! Es ist wie bei einem Hund, der an der Leine seines Herrchens geht, er kann nur in dem Radius umherlaufen, den die Leine erlaubt. Genau so waren wir an die Sünde gekettet, die uns zu einem Leben voller Sünde verdonnerte. Egal was wir tun, egal wie gut diese Werke scheinen mögen, egal wie moralisch gut unsere Leistung ist, sie kann uns nicht vor

Gott gerecht machen. Aber sobald wir gerettet sind, sind wir im Geist! Unsere Wohnung ist der Herrschaftsbereich des Geistes, und zwar dauerhaft.

Steve, kann ich dann nichts mehr falsch machen? Doch, denn wir können unser Leben weiterhin auf zwei Arten führen: wir können nach dem Fleisch leben oder nach dem Geist. Die Entscheidung hierfür können wir in jeden Augenblick neu fällen: Leitet uns der Geist Gottes und lassen wir uns von ihm zeigen, was unsere wahre Identität und unsere wahren Wünsche und seine Sehnsüchte sind? Oder folgen wir dem Ruf des Fleisches und versuchen, unsere Bedürfnisse durch andere Strategien zu befriedigen? Ganz gleich, wofür wir uns entscheiden, **wir müssen unbedingt wissen, dass wir immer noch in Gottes Geist sind, auch wenn wir Fehler machen.** Wenn wir nach dem Fleisch leben, handeln wir nicht nach dem, wer wir eigentlich sind; und auch nicht wie der, in dem wir sind. Wir handeln eigentlich wider unserer Natur. Die Quelle des sündigen Verhaltens ist in Wirklichkeit nicht in uns; stattdessen befindet sie sich außerhalb von uns und wir erlauben ihr, sich als Parasit an uns zu binden. Wenn wir den Begierden der Sünde folgen, dann gewähren wir einer zerstörerischen Kraft Einlass und verweigern uns das Vorrecht, das Leben Gottes weiterzugeben.

> *„...lass nicht die Sünde euer Leben beherrschen; gebt ihrem Drängen nicht nach“* (Römer 6,12).

Wir wurden in Christus Jesus neu geschaffen, um zur Sünde Nein und zu dem, wer wir wirklich sind, Ja zu sagen. Wenn unsere Sinne für die göttliche Gnade geweckt werden, dann hören wir, wie Gottes Geist bezeugt: Wir sind neu. Wir sind gerecht. Wir sind in Christus. Und wir sind auf der richtigen Seite.

Kein Verbesserungsprogramm

Gerechtigkeit bringt keine Beziehung hervor, aber Beziehung mit Jesus führt zu Gerechtigkeit! Beim Christsein geht es ihm Wesentlichen nicht um Verhaltensänderung. Es ist kein Programm zur Verbesserung unseres Verhaltens, das sich auf einen historischen Lehrer beruft, dessen Tugend wir nachahmen sollen. Nein, echtes Christsein dreht sich um das, was wir im Garten Eden verloren haben - Leben. Aber nicht einfach ein Leben, sondern **„Zoe"- Leben, das göttliche Leben!** Wir können uns hübsch machen, an uns herumfeilen und versuchen, unser Verhalten zu ändern. Doch wir sind immer noch geistlich tot. Wir können anfangen, in der Bibel zu lesen, in die Gemeinde zu gehen und die Menschen um uns herum liebevoll zu behandeln. Doch wir sind immer noch geistlich tot. Wenn wir das Licht der Welt erblicken, tragen wir bereits eine Reihe geistlicher Gene in uns. Bei unserer Ankunft haben wir die geistlich toten Gene Adams im Gepäck. Jeder befindet sich geistlich gesehen irgendwo. Wir werden alle in dieselbe geistliche Position hinein geboren, wir kommen auf die Welt - und sind in Adam. Will Gott also unser Problem lösen, muss er unsere Position verändern. Und genau das tut er:

1. Korinther 15,22

Genauso, wie wir alle sterben müssen, weil wir von Adam abstammen, werden wir alle lebendig gemacht werden, weil wir zu Christus gehören.

1. Korinther 1,30

Ist es bei euch nicht genauso? Dass ihr mit Jesus Christus verbunden seid, verdankt ihr nicht euch selbst, sondern Gott. Er hat in Christus seine Weis-

heit sichtbar werden lassen, eine Weisheit, die uns zugute kommt. Denn Christus ist unsere Gerechtigkeit, durch Christus gehören wir zu Gottes heiligem Volk, und durch Christus sind wir erlöst.

Kolosser 1,13

Denn er hat uns aus der Gewalt der Finsternis befreit und hat uns in das Reich versetzt, in dem sein geliebter Sohn regiert. Durch ihn, Jesus Christus, sind wir erlöst; durch ihn sind uns unsere Sünden vergeben.

Die Ausrede: „Ich bin ja nur ein Mensch", zählt nicht mehr. Du bist ein Sohn, eine Tochter Gottes. Genauso, wie Christus hier auf Erden ein Mensch war, so sind wir in dieser Welt (vgl. 1. Johannes 4, 17). Aufgrund des Sündenfalls wurde der Mensch „weniger als ein Mensch", und zwar insofern, als wir vom Ausgangsbild, das Gott kreiert hatte, abgefallen waren. Jetzt, durch das Kreuz, sind wir wieder in das Originaldesign des Menschen wiederhergestellt worden.

Mein Mentor Uwe, der mir damals half, an Gott dran zu bleiben, redete ständig von „in" Versen. Er sagte zu mir: Steve, wenn du deine Bibel liest, dann achte auf die „in" Verse. Ehrlich gesagt, wusste ich am Anfang nicht, was er damit meinte. In meiner täglichen Bibellese fiel mir dann auf, dass ich genau diese Verse, die Uwe meinte, früher stets überlesen hatte. Ich war davon ausgegangen, dass es sich dabei einfach um eine Art symbolischen Begriff aus der Bibel handelte. Mit „in" Versen meinte er „in" Christus! Somit beschreiben Stellen wie diese die geistliche Operation, die Gott an uns durchführte, als Jesus sein Leben für uns hingab. Durch Gottes Eingreifen sind wir in Christus!

Er versetzt uns vollständig von einem Reich in ein anderes. Er nimmt uns aus Adam und versetzt uns in Christus. Wenn wir in Christus versetzt werden, erhalten wir nicht nur eine neue Zukunft, sondern auch eine neue geistliche Vergangenheit. Früher hatten wir Adams Vergangenheit. Wir starben, weil er starb. Wir wurden verurteilt, weil er verurteilt wurde. Aber wenn wir in Christus Jesus eine neue Schöpfung werden, erhalten wir eine neue Vergangenheit, die Vergangenheit Jesu. Wir werden mit Christus gekreuzigt. Wir werden mit Christus begraben. Und wir werden mit Christus auferweckt.

Wir sind nicht mehr das Produkt unserer Vergangenheit. Stattdessen erhalten wir eine neue geistliche Vergangenheit, die nicht mehr durch unsere Sünden gekennzeichnet ist, sondern durch eine radikale Operation, die in uns durchgeführt wurde. Adams DNA wurde aus uns herausoperiert und durch die DNA Christi ersetzt. Wir erben die geistlichen Eigenschaften Christi. Ja, genau hier und jetzt sind wir in unserem menschlichen Geist wie Christus:

1. Johannes 4,17

Wenn das bei uns der Fall ist, hat uns die Liebe von Grund auf erneuert. Dann werden wir dem Tag des Gerichts voll Zuversicht entgegensehen können; denn auch wenn wir noch in dieser Welt leben, sind wir doch wie Christus mit dem Vater verbunden.

Wir können uns nicht selbst neu machen. Stattdessen wird etwas mit uns gemacht. Eine Kraft von außen, Gott selbst, wirkt an uns und verändert uns auf eine Weise, wie nur er es kann. Eigentlich passt der Begriff „Veränderung" hier überhaupt nicht. Gott geht viel weiter, er tauscht uns aus! Er macht uns zu einem neuen Menschen, der den alten Menschen ersetzt. Bei diesem neuen Menschen geht es nicht um irgendwelche neuen Eigenschaften, die wir nun besitzen, sondern um unsere ganze Person. Wir sind im Kern unseres Wesens tatsächlich und im wahrsten Sinne des Wortes NEU. Achte darauf, dass Johannes sagt: Wir sind wie Jesus. So wie er ist, sind auch wir. Wir denken vielleicht: „Naja, vielleicht wenn wir mal im Himmel sind." Nein, lies genau. Da steht „in dieser Welt". Das heißt: jetzt! Wir haben Anteil an seiner göttlichen Natur erhalten (2 Petr 1,4) und wir sind seine Gerechtigkeit (2. Korinther 5,21), hier und jetzt.

Wir sind vor Gott hundertprozentig in Ordnung, weil wir von neuem geboren sind, und nicht deshalb, weil wir das Richtige tun! Wenn dieses Gerechtigkeitsverständnis erst einmal in unseren Gedanken verankert ist, können wir mit dem andauernden Versuch aufhören, in Ordnung sein zu müssen. Wir können zur Ruhe kommen! Das geschieht, wenn wir hören, wie der Geist Gottes unsere wahre Identität bezeugt. **Er überzeugt uns von unserer Gerechtigkeit, damit wir nicht mehr danach hungern und dürsten müssen.**

Gottes Ebenbild

Aufgrund von Adams Sünde sind wir, wenn wir auf diese Welt kommen, geistlich tot und Gottes Leben ist nicht in uns (Römer 5,15.18). Auch wenn man generell hört, dass wir als Gottes Ebenbild geboren wurden, offenbart die Bibel, dass wir eigentlich als Adams Ebenbild geboren wurden.

1. Mose 5,1-3 (ELB)

An dem Tag, als Gott Adam schuf, machte er ihn Gott ähnlich. Als Mann und Frau schuf er sie, und er segnete sie und gab ihnen den Namen Mensch, an dem Tag, als sie geschaffen wurden. - Und Adam lebte 130 Jahre und zeugte einen Sohn ihm ähnlich, nach seinem Bild, und gab ihm den Namen Set.

Adam war ursprünglich als Gottes Ebenbild geschaffen worden, aber Satan gelang es, ihm und damit auch uns diese Identität zu stehlen. Der Sündenfall veränderte alles. Durch den Sündenfall werden wir alle nicht mehr als Gottes Ebenbild geboren, sondern als das Adams. Nur wenn wir in unserem Geist neues Leben empfangen, werden wir wieder in Gottes Ebenbild geschaffen und erneuert. Dadurch erlangen wir die geistliche Identität wieder, die Gott für uns vorgesehen hat:

Kolosser 3,9-10

Belügt einander nicht mehr! Ihr habt doch das alte Gewand ausgezogen – den alten Menschen mit seinen Verhaltensweisen – und habt das neue Gewand angezogen – den neuen, von Gott erschaffenen Menschen, der fortwährend erneuert wird, damit ihr Gott` immer besser kennen lernt und seinem Bild ähnlich werdet.

Weil wir mit Jesus gestorben sind, werden wir jetzt von neuem geboren. Wir werden an das Leben Gottes angeschlossen. Wir sind neu erschaffen als Ebenbild Jesu Christi(1. Johannes 4,17). Als neue Schöpfung sind wir in unserem menschlichen Geist bereits wie Christus. Wir sind dazu berufen, diese neue Identität auszuleben, während unser Denken in der Wahrheit erneuert wird, wer wir im Innersten wirklich sind (vergl. Römer 12,1).

All das verleiht dem Konzept der „Wiedergeburt“ erst seine wahre Bedeutung. Wir brauchen einen Neustart! Das Alte kann nicht in Ordnung gebracht werden. Es kann nur ausgetauscht werden. Genau das geschieht mit uns bei der Rettung: das Alte verschwindet und das Neue kommt (2. Korinther 5,17). Wir werden als Gottes geistliches Ebenbild wiedergeboren. Diese Nachricht ist unglaublich tröstlich. Wir sind in Sicherheit, weil wir jetzt in Christus sind. Wir sind *„mit Christus in Gott verborgen.“* (Kolosser 3,3). Hast du schon einmal darüber nachgedacht, was es heißt, mit Christus zusammen in Gott höchstpersönlich eingehüllt zu sein? Wir werfen mit Ausdrücken um uns wie „Gott näher kommen.“ Würden wir doch nur auf den Geist Gottes hören, denn er bezeugt die ganze Zeit, dass wir mit ihm ein Geist sind (1. Korinther 6,17). Wir sind in ihm verborgen. Wie viel näher könnte man ihm noch kommen? Wir sind bereits am sichersten Ort, fest umarmt vom König selbst. Wir sind genauso sicher wie sein eingeborener Sohn (1. Johannes 4,17), denn er hat uns erkauft und seine eigene Gerechtigkeit und Heiligkeit verliehen:

1. Korinther 1,30

Ist es bei euch nicht genauso? Dass ihr mit Jesus Christus verbunden seid, verdankt ihr nicht euch selbst, sondern Gott. Er hat in Christus seine Weisheit sichtbar werden lassen, eine Weisheit, die uns zugute kommt. Denn Christus ist unsere Gerechtigkeit, durch Christus gehören wir zu Gottes heiligem Volk, und durch Christus sind wir erlöst.

Vielen von uns geht es leicht über die Lippen, dass wir erlöst sind, wie es der oben stehende Vers andeutet. Doch es fällt uns schwer, auch die Gerechtigkeit und Heiligkeit anzunehmen. Wir denken: „Ja klar, in Christus", als würde es sich um irgendeine weit entfernte Gerechtigkeit handeln, die keinerlei Auswirkung auf unser jetziges Leben hat. Aber wie gerecht bist du, wenn Christus dir zur Gerechtigkeit gemacht worden ist? Und wie heilig bist du, wenn Christus deine Heiligkeit geworden ist? Diese Eigenschaften besitzen wir, weil Jesus unser Leben ist (Kolosser 3,4). Wenn uns bewusst wird, dass wir mit Jesus Christus gekreuzigt, begraben und auferweckt sind, können wir erkennen, dass Gott uns als gerecht und heilig bezeichnet, wenn er unser Wesen beschreibt. Es geht weit darüber hinaus, dass er uns nur ein Etikett mit der Aufschrift „gerecht" aufklebt. Es geht weit darüber hinaus, dass er uns nur in seine Familie aufnimmt. Wir sind in unserem menschlichen Geist wie er (1. Johannes 4,17)!

Wir sind gerecht. Wir sind heilig. Denk doch mal darüber nach, wo steht denn in der Bibel, dass wir kurz vor dem Eintritt in den Himmel noch den letzten Schliff bekommen müssen? Nirgends! **Gott sieht uns heilig und gerecht, weil wir so sind.** Christus hat uns heilig und gerecht gemacht. Natürlich bekommen wir einen neuen Körper, wenn wir aus dieser Welt gehen, aber einen neuen menschlichen Geist oder eine neue Seele bekommen wir nicht. Warum nicht? Weil unserer innerer Mensch für den Himmel bereit ist und zwar schon hier und jetzt. In unserem menschlichen Geist sind wir bereits in den Himmel versetzt (Epheser 2,6). Die natürliche und die geistliche Welt existieren gleichzeitig. Keine ist weniger real als die andere. Im Grunde genommen hat aber nur die geistliche Welt Bestand, denn die materielle wird eines Tages vergehen und ersetzt. Alles, was wir sehen und anfassen können, wird zerstört oder ersetzt; nur unser menschlicher Geist wird ewig leben. Die geistliche Realität ist die bleibende. Gott lädt uns also ein, eine zwar unsichtbare, aber bleibende Realität kennenzulernen - dass wir neu sind, dass wir eins sind mit ihm und dass wir bereits mit ihm in den Himmel versetzt worden sind.

Gerechtigkeit

Römer 3,21

Doch jetzt hat Gott – unabhängig vom Gesetz, aber in Übereinstimmung mit den Aussagen des Gesetzes und der Propheten – seine Gerechtigkeit sichtbar werden lassen.

Laut Paulus' Aussage ist etwas Wunderbares geschehen. Es gibt Gerechtigkeit auch ohne das Bemühen, das Gesetz zu befolgen. Jesus war gehorsam und erlangte vollkommene Gerechtigkeit.

2. Korinther 5,21

Den, der ohne jede Sünde war, hat Gott für uns zur Sünde gemacht, damit wir durch die Verbindung mit ihm die Gerechtigkeit bekommen, mit der wir vor Gott bestehen können.

Jesus hat all unsere Sünden auf sich genommen, und wir haben dafür all seine Gerechtigkeit bekommen. Das meinte Paulus, als er sagte, dass Gott gerecht ist und den rechtfertigt, der an Jesus glaubt. Wir waren schuldig, hätten den Tod verdient, doch Jesus in seiner Barmherzigkeit und Gnade nahm den Schuldschein auf sich, zerriss ihn und gab uns seine Gerechtigkeit als Geschenk. Wir stehen heute als Gerechte vor dem Richterstuhl Gottes, genau so gerecht wie Jesus Christus selbst. Am Kreuz öffnete er den Himmel für uns. Kühn können wir jetzt zum Thron der Gnade! Der Vorhang im Tempel, der dem „normalen" Juden den Zugang zum Allerheiligsten verwehrte, zerriss, als Jesus starb. Jesus öffnete einen neuen Weg! Nun hat jeder, der glaubt, Zugang zu Gottes Gegenwart. Deshalb sagt Paulus zu den Ephesern:

> Epheser 3,12
>
> *Durch ihn haben wir alle, die wir an ihn glauben, freien Zutritt zu Gott und dürfen zuversichtlich und vertrauensvoll zu ihm kommen.*

Durch seinen Gehorsam wurden wir gerecht vor Gott und können deshalb jederzeit kühn mit Papa Gott Zeit verbringen.

Neue Kleider

Jesus kam, um alles wieder neu zu machen! Er kam, um den Zustand im Garten wiederherzustellen. Deshalb glaubte Maria auch, mit dem Gärtner zu reden, als sie Jesus und dessen verherrlichtem Leib gegenüberstand (vgl. Johannes 20). Diese Offenbarung Jesu deutet auf das Leben Adams hin. Adam war wie ein Gärtner im Garten Eden gewesen, mit der Berufung, diesen auszubauen. Das Kreuz sollte unter anderem dazu dienen, dass der Zustand des Gartens wieder Realität in uns wird. Wir wurden zu einer neuen Schöpfung durch das Kreuz Jesu – einer Schöpfung, die der Schöpfung des Gartens ähnelt und weit herrlicher ist als diese, weil Gott nun mit dem Menschen verschmolzen ist (vgl. 2. Korinther. 5)! **Du bist jetzt der Garten, in welchem Gott wandelt!** Durch das Erlösungswerk stellte Jesus alles wieder her, sodass wir jetzt die Gemeinschaft mit Gott wie Adam und Eva zu Beginn der Menschheit genießen können. Im Gleichnis vom verlorenen Sohn sehen wir, wie der Vater (Gott) auf den verlorenen Sohn (Menschheit) zuläuft und ihm einen Kuss gibt! Das verlorengegangene Leben wird neu in den Menschen eingehaucht und es findet ein erneuter Wechsel innerhalb des Menschen statt. Der nun neu und aus Gott geborene Mensch verliert dabei die alte Natur, die von Sünde durchtränkt war. Wie im Gleichnis des verlorenen Sohnes zieht Gott der Menschheit ein neues Gewand an. Die Schrift fasst dies folgendermaßen zusammen:

1. Korinther 1, 30 (ELB)

Denn ihr alle, die ihr auf Christus getauft worden seid, ihr habt Christus angezogen (Galater 3,27 ELB). Durch ihn aber seid ihr in Christus Jesus, der uns von Gott gemacht ist zur Weisheit und zur Gerechtigkeit und zur Heiligung und zur Erlösung.

Das Gewand, das uns übergezogen wurde, ist Jesus! Er ist unser Gewand! Er ist unsere äußere Erscheinung! Er ist unser Leben! Nicht mehr leben wir, sondern Christus lebt in uns und diese Wahrheit ist uns zur Erlösung, Heiligung und zur Gerechtigkeit geworden. Zusammen mit dem Gewand wurden dem verlorenen Sohn auch Sandalen und ein Ring angezogen. Der Ring symbolisiert die dem Menschen zurückgegebene Autorität. Jesus entwaffnete den Feind durch das Kreuz seiner Autorität und Macht, die ihm durch den Fall vom Menschen gegeben worden waren. Die Autorität, die Jesus zurückerlangte, ist wieder an den Menschen übergeben worden. Es ist eine Lüge zu glauben, dass der

Feind noch kraftvoll sei. Es heißt, dass er vollständig entwaffnet wurde. Jesus sagt von sich, dass ihm alle Macht gegeben ist, auch die Macht des Feindes! Und das Herrliche dabei ist, dass er sich entschied, sie erneut uns zu geben (Matthäus. 28)! Das war schon immer der Plan Gottes für den Menschen. Er sehnt sich nach kraftvollen Menschen, die sein Leben repräsentieren und seine Herrlichkeit reflektieren. Jesus ist uns zu diesem Zugang geworden. Dazu kommen noch die Sandalen. Der Mensch sollte den Garten ausweiten. Die Sandalen symbolisieren die Verkündigung des Evangeliums und den ursprünglichen Auftrag des Menschen, den Garten Gottes auszubreiten.

All das kommt in dem Gleichnis des verlorenen Sohnes zusammen. Gewand, Sandalen und Ring. Genau diese drei Symbole deuten die Kraft unserer Gerechtigkeit an. Jesus hat uns gerecht gemacht, damit wir wieder kraftvoll sind. Bill Johnson, Leiter der Bethel Church in Redding, Kalifornien sagt: „Während uns das Alte Testament die Kraft der Sünde offenbart, offenbart uns das Neue Testament die Kraft der Gerechtigkeit."

Während wir im Alten Testament sehen, wie Menschen zugrunde und verloren gehen, sehen wir im Neuen Testament durch das Leben Jesu, was uns möglich ist. Das Alte Testament reflektiert durch die Sünde, was einst unsere Bestimmung war und in Kraftlosigkeit und Tod sichtbar wird. Das Neue Testament reflektiert durch Jesus, was uns nun möglich ist: Ein Leben in Kraft! Ein Leben in Fülle! Ein Leben, das überfließt. Ein Leben, das lebt!

Der Wille Gottes für die Menschheit war schon immer Gerechtigkeit, denn darin liegt Kraft. Genau zu dieser Gerechtigkeit hat uns Jesus erlöst! Nicht wir bewirken sie, sondern er hat sie für uns erlangt und uns durch seinen Tod geschenkt! Es ist Gnade und kommt aus ihm!

An dieser Stelle möchte ich alle mit einer Offenbarung ihrer Gerechtigkeit segnen und bete wie Paulus, dass der Geist der Weisheit und Offenbarung unsere Augen im Hinblick darauf öffnet! Danke Vater! Danke für unsere geschenkte Gerechtigkeit. **Gerechtigkeit macht uns zu Söhnen und Töchtern Gottes. Gerechtigkeit führt uns ins Haus unseres Vaters. Aus dieser Perspektive dürfen wir leben und das Reich Gottes überall dort, wo wir uns befinden, mit Kraft freisetzen.**

Gebet:

Danke Jesus, dass du mir das Erbe der Gerechtigkeit als freie Gabe geschenkt hast. Es lässt mich kühn vor Gott, dem Himmel, den Teufel und den Menschen stehen und erklären, dass Gott mich angenommen hat, vor sich selbst und seinem Thron. So bin ich frei von aller Unsicherheit und habe das ewige Leben von nun an bis in Ewigkeit. Ich bin geliebt, so wie Jesus geliebt war. Ich bin Jesus wert! Er hat sich für mich hingegeben. Ich bin in Gottes Absichten für die Menschheit einbezogen. Danke, Jesus, für dieses neue Leben.

„Zeugnis

Louisa hatte schon seit Jahren Arthrose an der rechten Hand, welche das tägliche Leben sehr einschränkte. Die Arthrose wurde so schlimm, dass ihre Hand kein Glas Wasser halten konnte. In ihrer Not probierte sie mehrere Dinge aus, doch nichts half. Als sie zu Bett ging, hatte sie einen Traum, in dem sie Steve Zschunke begegnete, der höflich fragte, ob er für ihre Hand beten dürfe. Sie bejahte! An mehr kann sie sich nicht erinnern. Am nächsten Morgen wachte sie ohne Arthrose auf, völlig geheilt. Alle Schmerzen waren weg, und die Beweglichkeit war vollkommen wiederhergestellt! Danke Jesus, wie genial, wenn Menschen anfangen, von Heilung zu träumen! Jesus zeigte uns, wie wir der Krankheit hier auf Erden begegnen sollen - er heilte alle, die zu ihm kamen. Ein Drittel seines Dienstes bestand darin, Menschen die Liebe des Vaters durch Heilung zu zeigen. Lasst uns diese Liebe weitergeben. Jeder ist dafür qualifiziert!

„Gnade

Gnade ist die Befähigung, Gottes Willen nicht aus eigener Kraft, sondern aus seiner Kraft zu tun!

Gnade ist das unverdiente Geschenk, in das Königreich zu kommen, doch die tiefere Wahrheit ist: Gnade befähigt dich, wie der König selbst zu leben!

Für mich fängt alles mit dem Berg der Verklärung an. Oft ist die Art, wie die Bibel etwas ausdrückt, ebenso wichtig wie der Inhalt selbst. Der Berg der Verklärung ist wahrscheinlich eines der besten Beispiele dafür. Jesus war mit drei seiner Jünger auf jenen Berg gegangen, wo er vor ihren Augen verklärt wurde. Sein Gewand wurde ganz weiß und strahlte hell. In diesem Augenblick erschienen Mose und Elia an seiner Seite. Petrus, der nicht auf den Mund gefallen war, klinkte sich in die Szene ein und sagte:

Matthäus 17,4

Da ergriff Petrus das Wort. »Herr«, sagte er zu Jesus, »wie gut ist es, dass wir hier sind! Wenn du willst, werde ich hier drei Hütten bauen, eine für dich, eine für Mose und eine für Elia.«

Noch bevor er zu Ende gesprochen hatte, unterbrach ihn Vater Gott und sagte:

Matthäus 17,5

Während er noch redete, kam plötzlich eine leuchtend helle Wolke und warf ihren Schatten auf sie, und aus der Wolke sprach eine Stimme: »Dies ist mein geliebter Sohn. An ihm habe ich Freude, und auf ihn sollt ihr hören!«

Sowohl die Worte des Vaters als auch der Zusammenhang, in dem sie gesagt wurden, sind äußerst wichtig. Neben Petrus waren noch Elia, Mose und Jesus beteiligt. Als der Vater sagte: ***„Dies ist mein geliebter Sohn, an dem ich Wohlgefallen habe, IHN hört an“***, drückte Gott eigentlich noch etwas Größeres aus, nämlich: Hört nicht auf Elia und auch nicht auf die Botschaft des Mose. Offensichtlich kommunizieren diese beiden Männer etwas, was der Vater ändern möchte. „Hört **NICHT** auf sie!“

Mose steht für das Gesetz. Seine Botschaft lautet: „Nichts ist frei zugänglich. Du musst dich sehr anstrengen und das ganze Gesetz halten. Gratis gibt's gar nichts.“

Der Vater möchte, dass du heute weißt, dass Jesus das Gesetz in allem an deiner Stelle gehalten hat. Jesus hat diese große Leistung vollbracht und das gesamte Gesetz die gesamte Zeit über befolgt. Durch diesen Gehorsam erkaufte er uns ein neues Leben mit ständiger Erlaubnis, direkt zu Papa Gott zu kommen. Wenn Jesus angenommen ist, bin ich es auch. Durch Jesu Gehorsam bist du ein für alle Mal angenommen. Höre von nun an nicht mehr auf Moses Botschaft der menschlichen und religiösen Anstrengungen, die dir sagen, dass du dich sehr bemühen musst, um angenommen zu werden, und dass der Weg anstrengend und mühsam ist. Gott wusste bereits, dass du es versuchen würdest. Höre einmal Jesus zu, dem geliebten Sohn Gottes, der jetzt die völlige Annahme erlangt hat! Jesus öffnete rechtmäßig den Himmel und brachte ihn auf die Erde.

Elia repräsentiert die Propheten. Die Propheten sagten: „Irgendwann einmal wird es besser, irgendwann einmal wird Gott es für dich tun.“ Doch der Vater möchte dich wissen lassen, dass du mit seinem kostbaren Geist, dem Heiligen Geist, versiegelt wurdest. Der Heilige Geist ist die Garantie oder Anzahlung unseres Erbes, des Himmels selbst. Er ist von derselben Art. Eine Bibelübersetzung wird folgendermaßen übersetzt: „Er ist ein Stück der selben Art.“ Gott hat also ein Stück des Himmels genommen und es in das Herz jedes Gläubigen gelegt! Wir müssen nicht mehr warten, bis wir in den Himmel kommen, um den Himmel zu erleben, unsere Probleme zu lösen und Erfolg zu haben. Jesus hat den Himmel zu uns gebracht. Kann das wahr sein? Können wir Christen wirklich jetzt schon über die Kraft des Himmels verfügen, in diesem Leben? Scheinbar hat der Apostel Paulus so gedacht. Schau dir mal Hebräer 6,5 an.

Hebräer 6,5

..und Gottes wunderbares Wort und die Kräfte der kommenden Welt kennen gelernt hat..

Paulus schreibt an Leute, welche die Kräfte des zukünftigen Zeitalters, den Himmel, in diesem Leben erlebten. Gott hat sich nicht gewandelt oder verändert. Wenn ihnen die Kraft zugänglich war, dann auch uns. **Gott, der Vater, legt also den Schwerpunkt auf seinen Sohn und teilt uns auf dem Berg der Verklärung mit, dass wir nicht länger auf Moses oder Elias Botschaft hören sollen, sondern auf seinen Sohn Jesus Christus.**

Gemeinsam wollen wir deshalb das Werk Jesu am Kreuz für dich und mich betrachten und in diesen Neuen Bund, den er für uns erkaufte, eintreten, um durch seine Gnade für immer verändert zu werden.

Die Bundeslade

2. Mose 25,17ff

Du sollst auch einen Gnadenstuhl machen aus feinem Golde; zwei und eine halbe Elle soll seine Länge sein und anderthalb Ellen seine Breite. Und du sollst zwei goldene Cherubim machen. Als getriebene Arbeit sollst du sie ausführen an beiden Enden des Gnadenstuhls, ***sodass ein Cherub sei an diesem Ende, der andere an jenem. Aus dem Gnadenstuhl sollt ihr die Cherubim herausarbeiten an seinen beiden Enden.***

Und die Cherubim sollen ihre Flügel nach oben ausbreiten, dass sie mit ihren Flügeln den Gnadenstuhl bedecken und eines jeden Antlitz gegen das des andern stehe; und ihr Antlitz soll zum Gnadenstuhl gerichtet sein.

Und du sollst den Gnadenstuhl oben auf die Lade tun und in die Lade das Gesetz legen, das ich dir geben werde.

***Dort will ich dir begegnen und mit dir reden von dem Gnadenstuhl aus,** der auf der Lade mit dem Gesetz ist, zwischen den beiden Cherubim, alles, was ich dir gebieten will für die Israeliten.*

Siehst du das Bild? Rechts und links auf dem Deckel der Bundeslade befand sich jeweils ein Cherubim und in der Mitte stand der Gnadenstuhl. Vom Gnadenstuhl aus sprach Gott! Wow, was für ein geniales Bild. Gott spricht aus Gnade.

Johannes 20,11

Maria aber blieb draußen vor dem Grab stehen; sie weinte. Und während sie weinte, beugte sie sich vor, um ins Grab hineinzuschauen. Da sah sie an der Stelle, wo der Leib Jesu gelegen hatte, zwei Engel in weißen Gewändern sitzen, den einen am Kopfende und den anderen am Fußende.

Als Maria zum Grab Jesu kam, war der Stein (das Gesetz war auf Stein geschrieben worden) weggerollt worden, und dort, wo Jesus auf dem Stein gelegen hatte, stand jeweils ein Engel am Kopf- und am Fußende - ein prophetisches Bild für die Bundeslade, das Allerheiligste! **Das Gesetz wurde weggerollt, deshalb haben wir Zugang in das Allerheiligste zum Gnadenthron Gottes!**

Das leere Grab prophezeit eine neue Zeit. Ein neuer Bund beginnt.

Die erste Person, die Jesus berührte, als er als Säugling auf die Welt kam, war Maria, seine Mutter - die Jungfrau (steht für Reinheit).

Die erste Person, die Jesus berührte, als er wiedergeboren wurde, war Maria Magdalena - die hatte 7 Dämonen (steht für Unreinheit)

Eine Änderung in der Botschaft, GNADE !!

Im Alten Bund wurde man unrein, wenn man etwas Unreines berührte. Im neuen Bund ist die „Unreine“ (Maria Magdalena) die erste, die Jesus berührte, und was passiert? Sie wird zu einer Evangelistin und erzählt sofort allen, was sie erlebt hatte. **Es ist Zeit für eine neue Ära.**

Ein gesetzestreuer Mensch!

Ich wuchs in einer Gemeinde auf und kann mich entsinnen, die Zehn Gebote schon in ziemlich jungen Jahren gehört zu haben. Doch noch ehe ich alt genug war, um sie zu verstehen, hatte ich einige von ihnen bereits übertreten.

- Noch ehe ich wusste, was „Du sollst nicht begehren“ bedeutet, hatte ich bereits die Süßigkeiten meiner Schwester begehrt.
- Noch ehe ich wusste, was „Du sollst nicht stehlen“ bedeutet, hatte ich ihr die Süßigkeiten schon weggenommen, als sie nicht hinsah.
- Noch ehe ich wusste, was „Du sollst nicht lügen“ bedeutet, hatte ich bereits geleugnet, diese Süßigkeiten genommen zu haben, als meine Eltern mich danach fragten.

Das Gesetz ist heilig, gerecht und gut (Römer 7,12). Das Problem war, dass ich das nicht war. Aus diesem Grund ist es absolut aussichtslos, wenn irgendjemand denkt, er könne aufgrund seiner eigenen Werke oder Leistungen vor Gott gerecht sein. Darum ist es erstaunlich, wenn man sieht, wie viele Menschen denken, sie könnten in den Himmel kommen, weil sie ein einigermaßen guter Mensch sind. Womöglich vergleichen sie sich dabei mit anderen, die sie als schlechter als sich selbst halten. Oder sie denken vielleicht, dass sie bestimmt ganz okay sind, weil sie die meiste Zeit die meisten der Zehn Gebote gehalten haben. Es ist absolut wichtig zu verstehen, dass keiner von uns deshalb in den Himmel kommt, weil er ein gesetzestreuer Mensch war. Der Himmel ist nicht für gute, vollkommene oder religiöse Menschen. **Der Himmel ist für Menschen, denen vergeben wurde! Und diese Vergebung steht für uns bereit, weil Jesus alles dafür getan hat. Wir können niemals gut genug, vollkommen genug oder religiös genug sein, um uns den Himmel selbst zu verdienen. Dazu müssen wir völlig auf das vertrauen, was Jesus getan hat.**

Das Gesetz weist auf Jesus hin

Wenn Christen das Wort „Gesetz" hören, dann denken sie üblicherweise an die Zehn Gebote, die Gott dem Volk Israel durch Mose gab (2. Mose 20, 2-17; 5. Mose 5,6-21). Hier eine verkürzte Zusammenfassung der Gebote:

1. Du sollst keine anderen Götter neben mir haben.
2. Du sollst dir kein geschnitztes Bild machen.

3. Du sollst den Namen des Herrn, deines Gottes, nicht für Nichtigkeiten gebrauchen.
4. Bedenke den Sabbattag, ihn heilig zu halten.
5. Ehre deinen Vater und deine Mutter.
6. Du sollst nicht morden.
7. Du sollst nicht ehebrechen.
8. Du sollst nicht stehlen.
9. Du sollst kein falsches Zeugnis über deinen Nächsten ablegen.
10. Du sollst nicht begehren.

Die ersten fünf Gebote beziehen sich auf unsere Verpflichtungen gegenüber Gott, während es sich bei den übrigen fünf um Verpflichtungen gegenüber uns und unseren Mitmenschen handelt. Vielleicht sagst du jetzt, das 5. Gebot *„Du sollst Vater und Mutter ehren"* ist doch keine Verpflichtung gegenüber Gott. Wenn wir aber bedenken, dass die Menschen damals Juden waren, sieht die Sache anders aus. In einer jüdischen Familie lernten Kinder Gott durch die Eltern kennen. Die Eltern waren also der Verknüpfungspunkt zwischen Kind und Gott. Wie das Kind die Eltern wahrnahm, so sah es auch Gott. Das 5. Gebot gehört demnach zu den Verpflichtungen Gott gegenüber. Somit haben wir eine Einteilung in jeweils 5 Gebote. 5 ist die Zahl für Gnade. Auch hier, **selbst in den Zehn Geboten, predigt Gott das Evangelium der Gnade.** Unsere einzige Beziehung zu den 10 Geboten sollte Dankbarkeit und Anbetung gegenüber Jesus Christus sein. Er erfüllte, was wir nie hätten tun können.

Jesus berücksichtigte beide Aspekte, als er gefragt wurde, welches Gebot im Gesetz das größte sei.

Matthäus 22, 37-40

Jesus antwortete: »›Du sollst den Herrn, deinen Gott, lieben von ganzem Herzen, mit ganzer Hingabe und mit deinem ganzen Verstand! Dies ist das größte und wichtigste Gebot. Ein zweites ist ebenso wichtig: ›Liebe deine Mitmenschen wie dich selbst!

Nachdem er ihm die Zehn Gebote gegeben hatte, erklärte Gott Mose, dass er ihm noch mehr Gebote geben werde und dass Mose sie dem Volk beibringen solle.

5. Mose 5, 32-33 (LUT)

So habt nun acht, dass ihr tut, wie euch der HERR, euer Gott, geboten hat, und weicht nicht, weder zur Rechten noch zur Linken, sondern wandelt auf dem Weg, den euch der HERR, euer Gott, geboten hat, damit ihr leben könnt und es euch wohlgeht und ihr lange lebt in dem Lande, das ihr einnehmen werdet.

Gott wollte, dass die Dinge für sein Volk gut liefen, und wenn man einmal darüber nachdenkt, wird man schnell erkennen, dass jede Gesellschaft, die die Werte in den Zehn Geboten verinnerlicht, mit Sicherheit eine bessere, gesündere und sicherere Gesellschaft wäre als eine, die diese Werte ablehnt. Mit Respekt und Gehorsam gegenüber den Geboten Gottes sind beträchtliche gesellschaftliche und private Vorteile verbunden. Die Zehn Gebote sind sicherlich die bekanntesten der Gesetze im Alten Testament, aber in Wirklichkeit gab es noch hunderte weitere. Es gibt Menschen, die sie gezählt haben (ich nicht), und sie sagen, dass es insgesamt 613 Gesetze im AT gibt. Des Weiteren sagen sie, dass es 248 positive (du sollst) und 365 negative (du sollst nicht) Gebote gibt.

Über den im Alten Testament festgehaltenen Geboten hinaus haben die religiösen Führer ständig neue Kommentare, Interpretationen und Anwendungen zu diesen hunderten von Gesetzen hinzugefügt, woraus noch mehr Regeln und Traditionen entstanden. Zweifellos waren viele dieser Menschen fromme, gottesfürchtige Menschen mit einer sehr hohen Wertschätzung für Gott und sein Wort. Zu der Zeit jedoch, als Jesus die Szene betrat, hatten sich einige von denen, die auf die Schwierigkeiten „des Buchstaben des Gesetzes" spezialisiert waren, zu regelrechten religiösen Tyrannen entwickelt. Für solche Religiöse hatte Jesus die schärfsten Zurechtweisungen aufgespart. Hier nur ein paar Auszüge:

Matthäus 23, 1-5

Dann wandte sich Jesus an die Volksmenge und an seine Jünger und sagte: »Das Lehramt des Mose haben heute die Schriftgelehrten und die Pharisäer inne. Richtet euch daher nach allem, was sie euch sagen, und befolgt es. Doch richtet euch nicht nach dem, was sie tun; denn sie reden zwar, handeln aber nicht danach. Sie binden schwere Lasten zusammen, die man kaum tragen kann, und laden sie den Menschen auf die Schultern; doch sie selbst denken nicht daran, diese Lasten auch nur anzurühren. Und alles, was sie tun, tun sie nur, um die Leute zu beeindrucken: Sie machen ihre Gebetsriemen besonders breit und die Quasten ihrer Gewänder besonders lang.

Jesus deutete hier an, dass ihr Stolz, ihr Mangel an Mitgefühl für andere und ihr kleinlicher Fokus auf Nebensächlichkeiten dazu geführt hatte, dass sie die allerwichtigsten Aspekte des Gesetzes übersahen: Gerechtigkeit, Barmherzigkeit, Liebe und Glauben (Matthäus 23,23). In Johannes 5, 39 - 40 sagte Jesus zudem, dass sie in der Schrift noch etwas anderes, sehr Wichtiges übersehen hatten: **ihn selbst!**

Johannes 5, 39-40

Ihr forscht in der Schrift, weil ihr meint, durch sie das ewige Leben zu finden. Aber gerade die Schrift weist auf mich hin. Und doch wollt ihr nicht zu mir kommen, obwohl ihr bei mir das Leben finden würdet.

Wären ihre Augen geöffnet worden, so hätten sie gesehen, dass der letztendliche Zweck des alttestamentlichen Gesetzes, über den gesellschaftlichen und persönlichen Nutzen hinaus, darin bestand, auf Jesus hinzuweisen und zu ihm zu führen. **Jesus war nicht gekommen, das Gesetz zu vernichten, sondern um es zu erfüllen.**

Matthäus 5,17

Denkt nicht, ich sei gekommen, um das Gesetz oder die Propheten außer Kraft zu setzen. Ich bin nicht gekommen, um außer Kraft zu setzen, sondern um zu erfüllen.

Nach seiner Auferstehung führte Jesus eine Unterhaltung mit zwei seiner Jünger und versuchte, ihnen die Augen dafür zu öffnen, dass bereits die Propheten im Alten Testament von ihm gesprochen hatten.

Lukas 24,27

Dann ging er mit ihnen die ganze Schrift durch und erklärte ihnen alles, was sich auf ihn bezog – zuerst bei Mose und dann bei sämtlichen Propheten.

Das gesamte Alte Testament war eine Vorbereitung auf das Kommen Jesu, der Gottes Plan, die Menschheit zu erlösen und wieder zu ihm zu führen, ausführen sollte. Der Dienst des Paulus' war von derselben Botschaft geprägt. Apostelgeschichte 28,23 sagt, dass Paulus, als er in Rom ankam, einen ganzen Tag mit den jüdischen Leitern verbrachte und ihnen von morgens bis abends in einem ausführlichen Zeugnis das Reich Gottes darlegte und sie von dem zu überzeugen versuchte, was Jesus anging, ausgehend vom Gesetz Moses und von den Propheten. Warum legten Jesus und die Apostel einen solchen Wert auf das Gesetz? Weil das Gesetz den Menschen die Möglichkeit gab, ihre Sünde zu erkennen, und ihnen damit half, zu erkennen, wie sehr sie einen Erlöser brauchten.

Geboren unter dem Gesetz

Die Jungfrauengeburt versteht sich für uns Christen von selbst. Aber „geboren unter dem Gesetz", was bedeutet das? Die meisten von uns haben darüber noch nicht viel nachgedacht. Nicht nur Jesus wurde unter dem Gesetz geboren, auch seine damaligen Zuhörer wurden als Menschen bezeichnet, *„die unter dem Gesetz"* geboren wurden (Galater 4,4-5). Blättere doch einmal zu Matthäus 1 und dann noch eine Seite zurück. Dort findest du den Titel „Das Neue Testament". Beginnt die Zeit des Neuen Testaments tatsächlich mit Matthäus 1?

Eigentlich nicht. Wenn Jesus unter dem Gesetz geboren wurde, wann hat der Neue Bund dann tatsächlich begonnen? Der Hebräerbrief sagt: *„Das Testament tritt erst nach dem Tod dessen in Kraft, der es geschrieben hat"* (Hebräer 9,17). Wenn du versuchst, dein Testament geltend zu machen, bevor du gestorben bist, wird das nicht funktionieren. Du musst tot sein, um dein Testament vollstrecken und dein Vermögen vererben zu können. Warum wird im Hebräerbrief überhaupt von einem „Testament" gesprochen? Eigentlich ist das ziemlich schlau: „Testament" und „Bund" sind in der griechischen Ausgangssprache dasselbe Wort. Der Schreiber des Hebräerbriefs sagt, dass Gottes Neuer Bund erst mit dem Tod Jesu in Kraft trat, da jedes Testament erst dann vollstreckt wird, wenn der Betreffende gestorben ist. **Das Zeitalter des Neuen Testaments wurde also nicht mit der Geburt Jesu, sondern mit seinem Tod eingeläutet.** Denke daran, dass auch der Alte Bund nicht ohne Blut in Kraft trat. Mose sprengte Blut auf die Schriftrolle und das Volk. Genauso hat das Blut Jesu, das auf Golgatha vergossen wurde, den neuen Weg Gottes gebahnt und alles verändert. Das ist wichtig für uns zu wissen. Es hilft uns, den zweifachen Dienst Jesu zu verstehen: Er begrub die Menschen unter der wahren Natur des Gesetzes und sprach gleichzeitig von etwas ganz Neuem, das kommen sollte.

Unter dem Gesetz zu leben ist so, als wäre man mit einem herabwürdigenden Perfektionisten verheiratet. Selbst wenn dein Ehepartner Gefallen an dir hat und du nur gelegentlich etwas falsch machst, behandelt er dich wie einen Nichtsnutz, wie eine absolute Enttäuschung. Er tut so, als hättest du alles missachtet, was er je von dir verlangt hat: *„Denn wenn jemand das ganze Gesetz hält und sündigt* *gegen ein einziges Gebot, der ist am ganzen Gesetz schuldig"*. (Jakobus 2,10 LUT)

Es ist ein Alles - oder - Nichts - Gesetz. Jeder, der nicht alle Gebote beachtet und befolgt, die im Buch des Gesetzes geschrieben stehen, ist verflucht (Galater 3,10).

Wenn du dich also auf den alten Weg des Gesetzes einlässt, verpflichtest du dich, *„das ganze Gesetz zu befolgen"* (Galater 5,3).

Die Geschichte des Alten Bundes ist eine Geschichte von Versprechen, die Gott gegenüber gebrochen wurden Für Gott kam dies nicht überraschend. Er hatte nie erwartet, dass Israel oder irgendein Mensch das Gesetz erfolgreich würde einhalten können. **Dafür war das Gesetz nicht gedacht gewesen. Im Gegenteil, es trat in Erscheinung, damit die Sünde zunehme (Römer 5,20), nicht damit sie weniger würde.**

Gott wollte dem Menschen zeigen, dass es ohne göttliches Eingreifen keine echte Hoffnung gibt. Als die Zeit erfüllt war, führte Gott einen neuen Bund ein, der seine Treue zu sich selbst zeigt: *„Weil Gott bei keinem größeren schwören konnte, schwor er bei sich selbst"* (Hebräer 6,13). Gott schwor bei sich selbst, dass Jesus für immer unser Priester sein wird (Hebräer 7,21-22). Er versprach uns, dass er uns nie aufgibt und niemals verlässt (Hebräer 13,5). Er versprach, sich selbst treu zu bleiben. Er wurde unser Garant eines besseren Bundes (Hebräer 7,22).

Gott selbst sagt über diesen Neuen Bund: *„Dieser Bund wird nicht so sein wie der, den ich mit ihren Vorfahren schloss... Sie sind meinem Bund nicht treu geblieben... Ich werde ihr Denken mit meinem Gesetz füllen, und ich* *werde es in ihr Herz schreiben. Ich werde ihr Gott sein und sie werden mein Volk sein"* (Hebräer 8,9-10).

Ist dir aufgefallen, worum es im Neuen Bund geht?

Gott liefert eine himmlische Lösung für unsere Treulosigkeit! Es geht darum, dass Gott alles in Ordnung bringt, indem er die Wünsche Christi in unser Denken und in unser Herz legt. Es geht darum, dass Gott sich dazu verpflichtet, auf ewig unser Gott zu sein. Hier übernimmt Gott die Initiative, und **unsere Antwort darauf kann nur eine einzige sein: es glauben und Danke sagen!**

Strenge Lehre

Wenn uns klar wird, was Jesus mit seinen strengen Lehren wirklich bezweckte, hilft es uns, die Freiheit zu spüren, denn wir leben auf dieser Seite des Kreuzes.

Hast du schon einmal darüber nachgedacht, dass Jesus Dinge wie diese gesagt hat:

- Hau deine Hand ab (Mt 5,30)
- Vergib anderen, damit die vergeben wird (Mt 6,14-15)
- Sei vollkommen wie Gott (Mt 5,48)

Wie haben sich seine Zuhörer nach diesen Worten wohl gefühlt? Frei? Absolut nicht. Wie also passt das alles mit der Freiheit der Gnade zusammen, wie soll man sie da spüren können? Und schließlich sagte er noch Dinge wie zum Beispiel:

Matthäus 5,21-22

Ihr wisst, dass zu den Vorfahren gesagt worden ist: ›Du sollst keinen Mord begehen! Wer einen Mord begeht, soll vor Gericht gestellt werden.‹ Ich aber sage euch: Jeder, der auf seinen Bruder zornig ist, gehört vor Gericht. Wer zu seinem Bruder sagt: ›Du Dummkopf‹, der gehört vor den Hohen Rat. Und wer zu ihm sagt: ›Du Idiot‹, der gehört ins Feuer der Hölle.

Matthäus 5,27-28

Ihr wisst, dass es heißt: ›Du sollst nicht die Ehe brechen! Ich aber sage euch: Jeder, der eine Frau mit begehrlichem Blick ansieht, hat damit in seinem Herzen schon Ehebruch mit ihr begangen.

Was meinte Jesus damit, wenn er sagte: „Habt ihr gehört?" Jesus bezog sich auf das alttestamentliche Gesetz. Hebt er dabei den Maßstab des Gesetzes weiter an? Jesus macht es für jeden unmöglich, seine Lehre zu befolgen. Die Hand abhauen? Das wäre ein echter Einsatz im Kampf gegen die Sünde! Und vollkommen sein, wie unser himmlischer Vater vollkommen ist? Das ist krass! Wie also haben sich die Menschen wohl gefühlt, als sie diese Botschaft hörten? Viele waren enttäuscht, weil sie bereits versucht hatten, ihr Bestes zu geben. Sie waren entmutigt, da ihnen klar wurde, dass sie ihr Ziel niemals erreichen würden. Siehst du die Kehrseite des Dienstes Jesu? Er weissagte nicht nur über den zukünftigen neuen Weg, sondern begrub die Menschen auch unter dem alten Weg des Gesetzes. **Jesus Christus ist die Trennungslinie in der Menschheitsgeschichte.** Sein Leben diente dem Zweck zweier unterschiedlicher Dienste gleichzeitig: den Menschen aufzuzeigen, dass sie es aus eigener Kraft nie schaffen werden, Gott zu gefallen, sowie ein Leben in völliger Freiheit zu führen!

Größe

In Matthäus 5,19 sagt Jesus, dass jeder, der seinen strengen Lehren völlig gehorcht, im Reich Gottes „groß" heißen wird. Was bedeutet das? Jesus hat es so ausgedrückt:

Matthäus 5,19

Wer darum eines dieser Gebote – und wäre es das geringste – für ungültig erklärt und die Menschen in diesem Sinn lehrt, der gilt im Himmelreich als der Geringste. Wer aber danach handelt und entsprechend lehrt, der gilt viel im Himmelreich.

Auf den ersten Blick sieht es so aus, als ob er von uns erwartet, dass wir seine strengen Lehren befolgen, um im Himmel „groß" zu sein. Derselbe Gedanke könnte auch aufkommen, wenn wir Paulus' Aussage über die Befolgung des Gesetzes lesen:

Römer 2,13

Denn vor Gott sind nicht die gerecht, die hören, was das Gesetz sagt; für gerecht erklären wird Gott vielmehr die, die tun, was das Gesetz sagt.

Man hat den Eindruck, dass diese Gebote tatsächlich erfüllbar sind. Im weiteren Verlauf des Römerbriefes erfahren wir denn auch die genaue Anzahl derer, die das geschafft haben.

Römer 3,19-20

So sagt es das Gesetz, und wir wissen: Alles, was das Gesetz sagt, richtet sich an die, denen es gegeben wurde. Damit wird jeder Mund zum Schweigen gebracht; die ganze Welt ist vor Gott als schuldig erwiesen. Denn auch durch das Befolgen von Gesetzesvorschriften steht kein Mensch vor Gott gerecht da. Das Gesetz führt vielmehr dazu, dass man seine Sünde erkennt.

Wie viele Menschen haben das Gesetz also erfolgreich umgesetzt? Keiner. In den Evangelien zitiert Jesus das Gesetz und hängt die Messlatte sogar noch höher, sodass es noch schwieriger wird, es zu halten! Wenn schon niemand das Gesetz in seiner ursprünglichen Fassung einhalten konnte, wer schafft es dann bei der verschärften Version, die Jesus einführte? Auch hier ist die Antwort wieder: Keiner. **Das Gesetz verurteilt uns zum Scheitern, nicht zum Erfolg.** Jesus macht also ein Ende mit unseren Hoffnungen und Träumen, durch eigene Leistung im Himmel irgendwann groß sein zu können:

Matthäus 5,20

Denn ich sage euch: Wenn euer Leben der Gerechtigkeit Gottes nicht besser entspricht als das der Schriftgelehrten und Pharisäer, werdet ihr mit Sicherheit nicht ins Himmelreich kommen.«

Nach den Aussagen Jesu über die Anforderungen an unsere Leistung müssten wir es besser machen als alle Pharisäer und Schriftgelehrten, um überhaupt in den Himmel zu kommen. Seine Zuhörer verloren allen Mut, als sie das hörten, da bin ich mir sicher. Jesus war nicht naiv, als er ihnen diesen unerreichbaren Maßstab vor die Nase hielt. Er wusste genau, dass sie diesen Grad an Gerechtigkeit niemals auch nur annähernd erreichen würden. Laut Galater 4,4-5 wurde Jesus unter dem Gesetz geboren **und das Ziel seiner Lehre war, alle zu erlösen, die unter dem Gesetz standen.** Wie würde er sie erlösen? Im ersten Schritt zeigte er ihnen, dass alle ihre Versuche und Bemühungen, aus eigener Leistung vollkommen zu sein, vergeblich waren.

Papa Gott kündigte uns einen Bund an, der im Blut Jesu eingesetzt wurde. Sein Tod auf Golgatha (nicht seine Geburt in Bethlehem!) läutete das Zeitalter des Neuen Testaments ein. Diese Wahrheit verdeutlicht die Absicht hinter der strengen Lehre Jesu und sie befähigt uns, die reine Freiheit der Gnade Gottes hier auf dieser Seite des Kreuzes zu spüren.

Der Zweck des Gesetzes

Johannes 1,17

Denn durch Mose wurde uns das Gesetz gegeben, aber durch Jesus Christus sind die Gnade und die Wahrheit zu uns gekommen.

Ein intensiver Blick ins Neue Testament schafft Klarheit über den Unterschied zwischen Gesetz und Gnade. Besonders hilfreich sind hier die Schriften des Apostel Paulus. In Galater 3,18 erklärt er, dass das Erbe, das Gott für sein Volk hat, nicht durch die Einhaltung des Gesetzes erlangt werden kann, **sondern dass Gott es Abraham ohne jede Bedingung zugesagt hatte**. Wenn das Gesetz also nicht in der Lage war, zu liefern, warum hat Gott das Gesetz dann überhaupt gegeben? Auch Paulus hatte sich dieselbe Frage gestellt:

Galater 3, 19. 21-25

Welche Aufgabe hatte dann das Gesetz? Es wurde hinzugefügt, um ans Licht zu bringen, dass wir mit unserem Tun Gottes Gebote übertreten, ´und sollte so lange in Kraft bleiben,` bis jener Nachkomme Abrahams da war, auf den sich Gottes Zusage bezog. Im Übrigen wurde uns das Gesetz durch Engel9 mit Hilfe eines Vermittlers10 überbracht…

21 Bedeutet das nun, dass das Gesetz im Widerspruch zu Gottes Zusagen steht? Ausgeschlossen! Wenn ein Gesetz erlassen worden wäre, das imstande ist, lebendig zu machen, dann könnte man tatsächlich mit Hilfe dieses Gesetzes vor Gott gerecht dastehen. 22 In Wirklichkeit jedoch – das zeigt die Schrift – ist die ganze Menschheit der Sünde unterworfen und wird von ihr gefangen gehalten. Denn Gottes Zusage soll sich ausschließlich auf der Grundlage des Glaubens an Jesus Christus erfüllen; was er versprochen hat, sollen die erhalten, die ihr Vertrauen auf Christus setzen. 23 Doch bevor ´die Zeit` des Glaubens begann, wurden wir alle zusammen unter ´der Aufsicht` des Gesetzes in Gewahrsam gehalten; unsere Gefangenschaft sollte erst ein Ende haben, wenn Gott uns den Weg des Glaubens eröffnen würde. 24 Das Gesetz war also unser Aufseher, ´unter dessen strenge Hand Gott uns gestellt hatte,` bis Christus kam; denn es war Gottes Plan, uns auf der Grundlage des Glaubens für gerecht zu erklären. 25 Und jetzt, wo ´die Zeit` des Glaubens da ist, stehen wir nicht mehr unter ´der Kontrolle` jenes Aufsehers

Als Antwort auf die Frage, warum Gott das Gesetz gab, zählt Paulus folgende Punkte auf:

- Das Gesetz wurde gegeben, um den Menschen ihre Sünden aufzuzeigen (Vers 19).
- Das Gesetz war zeitlich begrenzt und sollte nur bis zum Kommen Christi bestehen bleiben (Vers 19).
- Das Gesetz konnte uns kein neues Leben schenken (Vers 21).
- Ohne Christus sind alle Menschen Gefangene der Sünde (Vers 22).
- Das Gesetz war unser Lehrer, der uns zu Christus führen sollte, sodass wir aufgrund des Glaubens an ihn... gerecht gesprochen werden (Vers 24).
- Das Gesetz war ein Vormund, bis die Menschen die Möglichkeit hatten, durch den Glauben mit Gott ins Reine zu kommen (Verse 23-24).
- Nun, da es den Weg des Glaubens gibt, brauchen wir das Gesetz nicht mehr als Vormund (Vers 25).
- Ehe wir wirklich verstehen und wertschätzen können, wie Gottes Gnade uns rettet, ist es sinnvoll, sich vor Augen zu halten, was das Gesetz nicht leisten konnte.
- Das Gesetz wurde nie gegeben, um uns zu retten, sondern um uns zu zeigen, dass wir Erlösung brauchen.
- Das Gesetz wurde nie gegeben, um uns gerecht zu machen, sondern um uns zu zeigen, dass wir ungerecht sind.
- Das Gesetz wurde nie gegeben, um uns frei zu sprechen, sondern um uns zu zeigen, dass wir freigesprochen werden müssen.

Bevor wir Hilfe suchen oder offen dafür werden, uns helfen zu lassen, muss uns erst einmal klar werden, dass wir Hilfe brauchen. Das Gesetz Gottes lässt keinen Zweifel daran aufkommen, dass wir gesündigt haben und Gottes heiligen Maßstäben nicht genügen können.

Römer 3,19-20

So sagt es das Gesetz, und wir wissen: Alles, was das Gesetz sagt, richtet sich an die, denen es gegeben wurde. Damit wird jeder Mund zum Schweigen gebracht; die ganze Welt ist vor Gott als schuldig erwiesen. Denn auch durch das Befolgen von Gesetzesvorschriften steht kein Mensch vor Gott gerecht da. Das Gesetz führt vielmehr dazu, dass man seine Sünde erkennt.

Um es anders auszudrücken, das Gesetz war ein drei Meter langes Maßband, das uns zeigte, dass wir nur 1,20m groß sind; ein rechter Winkel, der uns zeigte, wie verbogen wir sind; ein Spiegel, der uns zeigte, wo unsere Fehler liegen. Aus einem natürlichen Impuls heraus mögen wir denken, dass das Gesetz etwas Schlechtes sein muss, das unsere Sünden und Probleme aufzeigt. Aber das Gegenteil ist wahr, das Gesetz ist gut. Paulus sagte: *„Wir wissen, dass diese Gesetze gut sind, wenn sie so verstanden und genutzt werden, wie Gott es wollte“* (1 Tim 1,8).

Stell dir vor, du hast gerade mit Freunden eine gute Mahlzeit genossen und ihr wollt nun aufbrechen und das Restaurant verlassen. Macht es ihn nun zu einem schlechten Menschen, wenn dich einer deiner Freunde darauf hinweist, dass du noch Spaghettisoße am Kinn hast? In Wirklichkeit tut er dir doch einen Gefallen, auch wenn es dir für einen Moment peinlich sein mag. Was, wenn du alleine isst, dann ins Bad gehst und im Spiegel siehst, dass du Soße am Kinn hast? Ist der Spiegel nun eine üble Sache, weil er dir ermöglichte, dein Problem zu erkennen? Wirst du deswegen zornig auf ihn sein und ihn abhängen oder zerschlagen? Das Problem liegt nicht beim Spiegel; das Problem liegt bei dir. Auch wenn es so scheint, als ob der Spiegel dich schlecht aussehen lässt, zeigt er dir doch in Wirklichkeit nur dein Problem, das dir bewusst sein sollte. Nur ein ziemlich dummer Mensch würde den Spiegel dafür verantwortlich machen. Doch hat der Spiegel auch eine Einschränkung. Er kann dir nur zeigen, wo die Soße ist; die Soße von deinem Kinn entfernen, kann er nicht. Genauso zeigt dir das Gesetz, das durch Mose gegeben wurde, zwar deine Sünde, sie entfernen kann es aber nicht. Das Gesetz ist der Lehrer, der dir aufzeigt, wo du danebenliegst. Du brauchst einen Erlöser. Hier kommt Jesus ins Spiel mit seiner Gnade und Wahrheit! Wir wissen, dass Paulus genau diese Erfahrung gemacht hat, denn er schreibt:

Römer 7,7

Welchen Schluss sollen wir nun daraus ziehen? Ist das Gesetz denn ´im Grunde genommen` Sünde? Niemals! Aber ohne das Gesetz hätte ich nicht erkannt, was Sünde ist. Ich hätte nicht begriffen, was Begierde ist, wenn das Gesetz nicht sagen würde: »Gib der Begierde keinen Raum!«

Das Gesetz an sich ist gut, aber es zeigte etwas in uns auf, das nicht gut war. Das Problem lag nicht im Gesetz, sondern in uns. Das Gesetz hat das Problem nicht geschaffen; es offenbart lediglich ein Problem, das in unserer gefallen Natur bereits angelegt ist und in unserem sündhaften Verhalten (Gedanken, Worte und Taten) zum Ausdruck kommt. Das Gesetz offenbarte das Problem; Jesus ist unsere Lösung!

Das Problem der Galater

Im Galaterbrief geht es ausführlich um Erlösung und Vertrauen in Christus. Man spürt in diesen Brief eine große Spannung, denn gesetzliche Lehrer hatten den Galatern erzählt, dass Erlösung eine Frage von Christus „plus" sei: Christus plus Beschneidung oder Christus plus Einhaltung des Gesetzes. Mit anderen Worten, ein Mensch wird errettet durch das Blut Jesu plus seinen eigenen Werken. Diese Lehrer lehnten Christus nicht ab, aber sie untergruben die Vollwertigkeit seines Erlösungswerkes, indem sie sagten, dass ein Mensch gerettet werde, indem er Christus annimmt und noch etwas anderes tut, anstatt zu erklären, dass Erlösung allein und völlig dadurch geschieht, dass ein Mensch Christus annimmt! Die Religiösen von heute sagen vielleicht, dass man Erlösung durch Christus plus Gehorsam gegenüber den Zehn Geboten erlangt, durch Christus plus Gottesdienstbesuch oder Christus plus gute Werke. Doch die Gnade und der Glaube erklären immer noch, dass Erlösung durch Glauben an Christus kommt - PUNKT! Da gibt es kein „plus"!

Es ist ganz großartig, die Zehn Gebote zu halten, den Gottesdienst zu besuchen oder gute Werke zu tun, aber dadurch werden wir nicht gerettet. Paulus sagt: „Wenn aber aus Gnade, so ist es nicht mehr um der Werke willen; sonst ist die Gnade nicht mehr Gnade." (Römer 11,6). 1892 schrieb Rudyard Kipling: „Ost ist Ost und West ist West und niemals treffen sich die beiden." Im Lichte von Römer 11,6 sage ich: „Gnade ist Gnade und Werke sind Werke und niemals treffen sich die beiden, wenn es um Erlösung geht."

Wie gut müsste man denn sein?

Galater 3,10

Diejenigen hingegen, die ihre Hoffnung auf das Einhalten von Gesetzesvorschriften setzen, stehen unter einem Fluch. Denn es heißt in der Schrift: »Verflucht ist jeder, der sich nicht ständig an alles hält, was im Buch des Gesetzes steht, und der nicht alle seine Vorschriften befolgt.«

Jakobus 2,10

Und ihr wisst: Wer das ganze Gesetz befolgt, aber gegen ein einziges ´Gebot` verstößt, macht sich damit am ganzen Gesetz mit allen seinen Geboten schuldig.

Die einzige Note, mit der man vor Gott besteht, sind 100 Punkte. Das schafft keiner von uns! Wir haben alle gesündigt und versagt (Römer 3,23), nur Jesus nicht. Doch Gottes Gnade trägt in unser Zeugnis Jesu Punkte ein, sobald wir für unsere Erlösung allein auf ihn vertrauen. Darum ist das Evangelium eine gute Nachricht. Zu gut, um wahr zu sein. In Jesus Christus erzielen wir ein fehlerloses Ergebnis, unsere Sünden sind uns komplett vergeben und wir haben mit ihm ewiges Leben im Himmel. Nicht nur Paulus und Jakobus erkannten, wie ungeeignet das Gesetz war, um von Sünden zu erlösen, auch Petrus sah das. In Apostelgeschichte 15 lesen wir von einer Konferenz in Jerusalem, in der es darum ging, ob Nichtjuden beschnitten werden und das Gesetz halten müssen, um als wahre Nachfolger des Herrn gelten zu können. Petrus kommentierte den Versuch, Nichtjuden unter das Gesetz zu bringen, mit folgenden Worten:

Apostelgeschichte 15,10-11

Warum wollt ihr Gott jetzt herausfordern und diesen Jüngern ein Joch auf den Nacken legen, das weder unsere Vorfahren noch wir selbst zu tragen vermochten? Wir sind doch ganz im Gegenteil davon überzeugt, dass wir – genau wie sie – einzig und allein durch die Gnade des Herrn Jesus gerettet werden.«

Beachte die beiden Punkte, auf die Petrus hinweist:

- Das Gesetz des alten Testaments war ein Joch, das sie nicht tragen konnten.
- Es gibt nur einen Weg, auf dem alle Menschen - Juden wie Nichtjuden - Erlösung erlangen: durch die Gnade des Herrn Jesus Christus.

Römer 8,3-4

Das Gesetz des Mose war dazu nicht imstande; es scheiterte am Widerstand der menschlichen Natur. Deshalb hat Gott als Antwort auf die Sünde seinen eigenen Sohn gesandt. Dieser war der sündigen Menschheit insofern gleich, als er ein Mensch von Fleisch und Blut war, und indem Gott an ihm das Urteil über die Sünde vollzog, vollzog er es an der menschlichen Natur. So kann sich nun in unserem Leben die Gerechtigkeit verwirklichen, die das Gesetz fordert, und zwar dadurch, dass wir uns vom Geist Gottes bestimmen lassen und nicht mehr von unserer eigenen Natur.

Das Gesetz bringt uns weder Vergebung noch Erlösung, weil es niemals dafür vorgesehen war. Gott gab das Gesetz, um uns zu zeigen, dass wir Vergebung und Erlösung brauchen; und in dieser Hinsicht ist es ein beispielloser Erfolg.

Römer 3,21-28

Doch jetzt hat Gott – unabhängig vom Gesetz, aber in Übereinstimmung mit den Aussagen des Gesetzes und der Propheten – seine Gerechtigkeit sichtbar werden lassen. 22 Es ist eine Gerechtigkeit, deren Grundlage der Glaube an Jesus Christus ist und die allen zugute kommt, die glauben. 23 Dabei macht es keinen Unterschied, ob jemand Jude oder Nichtjude ist, denn alle haben gesündigt, und in ihrem Leben kommt Gottes Herrlichkeit nicht mehr zum Ausdruck, 24 und dass sie für gerecht erklärt werden, beruht auf seiner Gnade. Es ist sein freies Geschenk aufgrund der Erlösung durch Jesus Christus. 25 Ihn hat Gott vor den Augen aller Welt zum Sühneopfer für unsere Schuld gemacht. Durch sein Blut, das er vergossen hat, ist die Sühne geschehen, und durch den Glauben kommt sie uns zugute. Damit hat Gott unter Beweis gestellt, dass er gerecht gehandelt hatte, als er die bis dahin begangenen Verfehlungen der Menschen ungestraft ließ. 26 Wenn er Nachsicht übte, geschah das im Hinblick auf das Sühneopfer Jesu. Durch dieses hat er jetzt, in unserer Zeit, seine Gerechtigkeit unter Beweis gestellt; er hat gezeigt, dass er gerecht ist, wenn er den für gerecht erklärt, der sein ganzes Vertrauen auf Jesus setzt. 27 Hat da noch irgendjemand einen Grund, auf etwas stolz zu sein? Nein, das ist jetzt ausgeschlossen. Folgt das etwa aus dem Gesetz? Sofern das Gesetz zu Leistungen auffordert: nein; sofern das Gesetz jedoch zum Glauben auffordert: ja. 28 Denn wir gehen davon aus, dass man aufgrund des Glaubens für gerecht erklärt wird, und zwar unabhängig von Leistungen, wie das Gesetz sie fordert.

In diesem Abschnitt erfahren wir vier kraftvolle positive Wahrheiten über die Wirkung der Gnade Gottes.

- Durch den Glauben an ihn werden wir in Gottes Augen gerecht gesprochen (Vers 22).
- Gott erklärt uns für gerecht (Vers 24).
- Gott befreit uns von der Strafe für unsere Sünden (Vers 24).
- Gott erklärt Sünder als gerecht in seinen Augen, wenn sie an Jesus glauben (Vers 26).

Das sind gute Neuigkeiten für dich und mich. Konzentriere dich nicht so sehr auf dein früheres Versagen, denn dann verpasst du, was Gottes Gnade dir gebracht hat: ein neues Leben in Jesus Christus! Lege deinen Schwerpunkt auf das, worauf auch die Bibel ihn legt: Gottes Gnade ist größer als das Gesetz, das deine Sünde offenbarte, und auch größer als die offenbarte Sünde. Durch seine Gnade wurdest du in seine Familie hineingeboren und zu seinem geliebten Kind. Vergiss nie, dass du ohne ihn verloren warst, aber Gott sei Dank bist du ja nicht mehr ohne ihn! Du darfst dich freuen, dass er dir durch seine Gnade einen neuen Anfang, eine neue Bestimmung und eine neue Identität in Christus geschenkt hat.

Vom Schatten zu Substanz

> Das Gesetz schafft Furcht und Zorn; Gnade bewirkt Hoffnung und Erbarmen. (Unbekannt)

Wir kennen nun den vollkommenen moralischen Standard des Gesetzes, das unsere sündige Natur offenbart und durch das wir erkennen, wie sehr wir einen Erlöser brauchen. Doch das Gesetz hat auch eine zeremonielle oder rituelle Seite, die ebenfalls auf Jesus, den Messias, hinweist. Du weisst vielleicht, dass im Alten Testament häufig von Tieropfern die Rede ist. Solche Opfer wurden schon lange, bevor Gott das Gesetz gab, dargebracht, aber durch das Gesetz wurden klare Regeln dafür aufgestellt. Das Neue Testament zeigt uns, dass diese Opfer als ein prophetisches Bild eingerichtet wurden, welches auf Jesus als dem absoluten und abschließenden Opfer für die Sünden der Menschen hinwies.

Als Johannes, der Täufer, Jesus, den Menschen, vorstellte, sagte er: «*Siehe, das Lamm Gottes, das die Sünde der Welt wegnimmt!*» (Johannes 1,29). Petrus schrieb später: «*Denn ihr wisst, dass Gott euch nicht mit vergänglichen Werten wie Silber und Gold losgekauft hat, von eurem früheren Leben, das ihr so gelebt habt wie schon Generationen vor euch. Er bezahlte für euch mit dem kostbaren Blut von Jesus Christus, der rein und ohne Sünde zum Opferlamm Gottes wurde*» (1. Petrus 1,18-19). Im Buch der Offenbarung beschreibt Johannes Jesus 26 mal als Lamm.

Was für eine starke Aussage! Johannes, der Täufer, und die Apostel sagten: „*Jesus ist das wahre Leben, der eine, auf den überall im Alten Testament schattenhaft hingewiesen wird, er ist derjenige, der für unsere Sünden geopfert wurde"*. Während der Römerbrief zeigt, wie ungeeignet das Gesetz war, uns von unseren Sünden zu retten und uns nach der Rettung vor weiterer Sünde zu bewahren, zeigt der Hebräerbrief, inwiefern die Zeremonien und Opfer des Gesetzes ebenfalls nicht geeignet waren, uns von der Sünde zu retten und vor ihr zu bewahren. Doch der Römerbrief und der Hebräerbrief wollen auf das Gleiche hinaus: das Gesetz, die Feste und die Opfer waren dazu da, auf den kommenden Messias hinzuweisen, ihn zu offenbaren und zu beschreiben. Die Feste und Opfer waren Muster, Schatten und Symbole, man könnte sie auch prophetische Bilder nennen, für die Erlösung und für den Sohn Gottes, der sie bewirken würde.

Schatten und Substanz

Im Kolosserbrief bezeichnet Paulus bestimmte Ereignisse im Alten Testament wie Feste, Neumondzeremonien und Sabbattage als Schatten der Dinge, die kommen sollen, wovon aber Christus das Wesen hat (Kolosser 2,17). Des Weiteren sagt uns Hebräer 8,5, dass die Hohepriester im Alten Testament in einem Heiligtum dienen, welches nur ein Abbild, nur ein Schatten des wahren Heiligtums im Himmel darstellt.

Hebräer 10, 1-4

Das Gesetz brachte also nur einen Schatten des Zukünftigen und nicht die Wirklichkeit der himmlischen Güter. Die Opfer wurden Jahr für Jahr wiederholt, doch sie konnten denen, die zur Anbetung kamen, keine vollkommene Reinigung schenken. Wäre dies der Fall gewesen, dann hätte es keine Opfer mehr gegeben, denn die Opfernden wären ein für alle Mal gereinigt gewesen, und sie hätten ein reines Gewissen. Doch das Gegenteil geschah. Die jährlichen Opfer erinnerten sie Jahr für Jahr erneut an ihre Sünden. Denn das Blut von Stieren und Böcken kann keine Sünden fortnehmen.

Überlege einmal kurz, was ein Schatten eigentlich ist. Wenn du mitten auf einem Feld stehst und ein Flugzeug fliegt über dich hinweg, kannst du unter Umständen sehen, wie sein Schatten auf dich zurast. Obwohl der Schatten die Form des Flugzeuges besitzt, fürchtest du dich nicht, weil du weißt, dass er keine Substanz hat. Da er keine Substanz hat, kannst du auch nicht in diesen Schatten einsteigen, um irgendwohin zu fliegen. Der Schatten sagt dir aber, dass ein wirkliches, materielles Flugzeug existiert und über dich hinwegfliegt.

Nun denk an den Schatten, den ein Glas Wasser wirft. Du kannst vielleicht ausmachen, dass er zu diesem Glas Wasser gehört, aber deinen Durst könnte er niemals stillen. Er kann dir nur sagen, dass irgendwo in der Nähe ein Glas Wasser steht. Der Schatten gibt dir ein Abbild der Substanz, hat aber selbst keine Substanz. Genauso konnten die Feste, Traditionen und Opfer im Alten Testament die Menschen nicht wirklich von Sünde befreien. Sie konnten nur auf den hinweisen, der diesen Schatten warf - Jesus Christus - auf denjenigen also, der schlussendlich als das wahre Lamm Gottes kam, um die Sünden der Welt wegzunehmen.

Auf den Punkt

In Hebräer, Kapitel 7 geht es um den Unterschied zwischen dem aaronitischen Priestertum, das mit dem Gesetz des Mose assoziiert wird, und dem Priestertum nach Art des Melchisedek, das ein Schatten des Priestertums Jesu war.

Hebräer 7, 18-19

Damit ist also die Ordnung, die früher galt, außer Kraft gesetzt, weil sie sich als ohnmächtig erwies und letztlich keinen Nutzen brachte; das Gesetz ist nicht imstande gewesen, zur Vollkommenheit zu führen. An die Stelle jener Ordnung ist etwas getreten, was uns eine Hoffnung gibt, die alles Frühere in den Schatten stellt, und was uns einen ungehinderten Zugang zu Gott möglich macht.

Hebräer 7,24-27

Jesus aber lebt für immer, weshalb sein Priestertum unvergänglich ist. Und das ist auch der Grund dafür, dass er alle vollkommen retten kann, die durch ihn zu Gott kommen. Er, der ewig lebt, wird nie aufhören, für sie einzutreten. Ein solcher Hoherpriester war genau das, was wir nötig hatten: einer, der durch und durch heilig und ohne jede Schuld ist und an dem Gott nichts auszusetzen hat, einer, der sich grundlegend von uns sündigen Menschen unterscheidet und dessen Platz hoch über dem höchsten Himmel ist. Im Gegensatz zu den levitischen Hohenpriestern muss er nicht Tag für Tag Opfer darbringen und muss auch nicht mit einem Opfer für eigene Sünden beginnen, ehe er für die Sünden des Volkes opfern kann. Nein, Jesus hat nur ein einziges Mal ein Opfer dargebracht, nämlich sich selbst, und dieses Opfer gilt für immer.

Das Priestertum des Alten Testaments wurde aufgehoben, doch Jesu Priestertum wird für immer bleiben! Was die anderen Priester mit der Opferung von Lämmern, Stieren, Ziegen und anderen Opfern symbolisch taten, tat Jesus wesenhaft, indem er sich selbst opferte. Hebräer, Kapitel 8 lässt sich noch ausführlicher über diesen „Wechsel" aus.

Hebräer 8, 5-8

Ihr Dienst vollzieht sich freilich in einem Heiligtum, das nur ein Abbild und ein Schatten der himmlischen Wirklichkeit ist. Aus diesem Grund erhielt Mose, als er sich an den Bau des heiligen Zeltes machte, die Anweisung: »Achte darauf, dass du alles genau nach dem Vorbild ausführst, das dir auf dem Berg gezeigt wurde!« Der Dienst hingegen, der Jesus übertragen wurde, ist von unvergleichlich größerer Bedeutung. Jesus ist ja auch der Vermittler eines viel besseren Bundes, der sich auf viel weiter reichende Zusagen stützt. Schließlich hätte Gott keinen Anlass gehabt, einen zweiten Bund zu schließen, wenn der erste nicht Mängel aufgewiesen hätte. Dass dieser tatsächlich unvollkommen war, macht die Schriftstelle klar, an der berichtet wird, wie Gott sein Volk tadelt: »Der Tag kommt, sagt der Herr, an dem ich mit dem Volk von Israel und mit dem Volk von Juda einen neuen Bund schließen werde.

Paulus führt aus, dass der erste Bund ersetzt werden musste, weil er fehlerhaft war. Doch lag der Fehler nicht im Gesetz, sondern bei uns. Das Gesetz offenbarte lediglich diesen Fehler.

Hebräer 10,1-4; 12; 14; 18

Das Gesetz lässt also nur ein Schattenbild der künftigen Güter erkennen, nicht deren wahre Gestalt. Mit seinen Jahr für Jahr dargebrachten und immer wieder gleichen Opfern kann es die, die vor Gott treten, niemals völlig von ihrer Schuld befreien. Wenn es anders wäre, hätte man dann nicht schon längst aufgehört zu opfern? Denn der Opfernde wäre ja mit einem einzigen Opfer für immer rein, und seine Sünden würden sein Gewissen nicht länger belasten. Tatsache jedoch ist, dass die Menschen durch die Opfer alljährlich wieder neu an ihre Sünden erinnert werden. Das Blut von Stieren und Böcken ist eben nicht imstande, Sünden wegzunehmen…

Christus dagegen hat sich, nachdem er ein einziges Opfer für die Sünden dargebracht hat, für immer auf den Ehrenplatz an Gottes rechter Seite gesetzt...

Denn mit diesem einen Opfer hat er alle, die sich von ihm heiligen lassen, völlig und für immer von ihrer Schuld befreit...

Wo aber die Sünden vergeben sind, ist kein weiteres Opfer mehr dafür nötig.

Wir haben nun gesehen, warum das Gesetz nicht in der Lage war, uns zu retten. Nicht nur konnten wir seinen Ansprüchen nicht genügen, seine Opfer und Feste waren zudem nur reine Schatten des Echten, das in der Person Jesu kommen sollte.

Gnade erzieht uns

Wie erzieht Gott seine Söhne/ Töchter im Neuen Bund?!

Denn wen der Herr lieb hat, den züchtigt er, und er schlägt jeden Sohn, den er annimmt. (Hebräer 12,6). Gottes Liebe und Erziehung gehören zusammen und sind kein Widerspruch. Im Gegenteil: Erziehung und Korrektur sind ein Ausdruck der Liebe Gottes zu uns.

Auf den ersten Blick hört sich dieser Vers negativ an. Das wird aber aufgelöst, wenn man einen Blick in den Grundtext wirft. Denn im griechischen Grundtext wird züchtigt mit „paideou" wiedergegeben. „Paideou" hat mehrere Bedeutungen und muss hier im Kontext des Neuen Bundes und im Textzusammenhang betrachtet werden.

Züchtigen und schlagen hat nämlich im Neuen Bund nichts mit Strafe zu tun, denn jegliche Strafe für unsere Sünde hat Jesus bereits am Kreuz an unserer Stelle getragen.

Jesaja 53,5 (LUT)

Doch er wurde um unserer Übertretungen willen durchbohrt, wegen unserer Missetaten zerschlagen; die Strafe lag auf ihm, damit wir Frieden hätten, und durch seine Wunden sind wir geheilt worden. .

Gott ist auch nicht mehr zornig auf uns, denn der Zorn Gottes hat Jesus am Kreuz getroffen.

Römer 5,9 (LUT)

Wieviel mehr nun werden wir, nachdem wir jetzt durch sein Blut gerechtfertigt worden sind, durch ihn vor dem Zorn errettet werden! .

Deshalb geht es im Neuen Bund um die Bedeutung von „paideou"[6] im Sinne von erziehen oder trainieren. „Strong´s Concordance" beschreibt hier ein Kind, das durch sorgfältiges Training sein volles Potenzial erreichen soll.

Erziehung durch Gnade

Das Erziehungsmittel Gottes ist nach Titus 2,11+12 seine Gnade:

> *Denn die Gnade Gottes ist erschienen, heilbringend allen Menschen und **unterweist** uns, damit wir die Gerechtigkeit und die weltlichen Begierden verleugnen und besonnen und gerecht und gottesfürchtig leben in dem jetzigen Zeitlauf.*

Im griechischen Grundtext wird „unterweisen" mit „paideou" wiedergegeben. Also funktioniert das Training Gottes durch seine Gnade, seine unverdiente Gunst.

Auch wenn ich Fehler mache und versage, erhalte ich diese unverdiente Gunst, weil Jesus am Kreuz allen Segen für mich erkauft hat. Ich erkenne, wie gut Gott ist, und dies löst ein Umdenken in mir aus. Unabhängig von meinem Verhalten empfange ich Gottes Liebe. Dadurch liebe ich Jesus mehr denn je. Dann nutze ich die Freiheit nicht dazu aus, um weiter zu sündigen, sondern ich überwinde mein schlechtes Verhalten mit meiner wachsenden Liebe zu Jesus.

Gnade ist niemals ein göttlicher Freibrief für falsches Handeln. Gnade ist die göttliche Befähigung, das Richtige zu tun!

---

6 https://www.biblestudytools.com/lexicons/greek/nas/paideuo.html

Gottes Gnade darf niemals getrennt von den anderen Lehren des Neuen Testaments betrachtet werden. Schriftgemäße Gnade ist immer nahtlos in alles integriert, was Gott uns in der Bibel mitteilt. Tatsächlich befähigt uns Gottes Gnade zu jedem Auftrag, den er uns erteilt, ganz gleich, ob dieser nun aus dem Wort oder von seinem Geist kommt. Wir sollen von jedem Wort leben, das aus dem Munde Gottes kommt (Matthäus 4,4). Gnade ist kein Freibrief zum Sündigen! Jakobus sagt dazu: Denn wir alle straucheln oft (Jakobus 3,2). Aber wiedergeborene Kinder Gottes, die in der Gnade und im Wort wachsen und von Gottes Geist geleitet werden, versuchen nicht, die Gnade Gottes als Vorwand oder Ausflucht zu gebrauchen, um sich der Sünde oder ausschweifendem Verhalten hinzugeben. Gnade erzieht und stärkt uns, damit wir „Nein" zur Sünde sagen und uns über die Fleischlichkeit, die in dieser Welt vorherrscht, erheben können. Gottes heiligende Gnade ist der Sünde gegenüber nicht zurückhaltend. Sie erzieht uns nicht, indem sie sagt: „Es wäre vielleicht eine gute Idee, nicht zu sündigen, aber wenn du es doch tust, auch okay". Heiligende Gnade ist aktiv und vehement gegen die Sünde gerichtet. Sie sagt: „ich werde dich leiten und dir zeigen, wie du mit meinem Einfluss zusammenarbeiten kannst, so dass du ein Leben frei von der Macht der Sünde führen kannst."

Ein Geist mit Christus

Wie also sieht dieses Leben mit Christus eigentlich aus? Es sieht aus wie du, wenn du du selbst bist. Es ist unwahrscheinlich, dass jemand auf dich zukommt und sagt: „Mensch, du bist so geistlich!" Natürlich werden einige um uns herum eine eigenartige Hoffnung oder Gewissheit wahrnehmen, die wir in uns haben. Aber wir haben diesen

Schatz in *„irdenen Gefäßen, damit die Kraft von Gott sei und nicht von uns“* (2. Korinther 4,7).

Es geht nicht darum, die Aufmerksamkeit von anderen zu erlangen, um sie zu beeindrucken. Es geht nur darum, dass wir so leben, wie wir geschaffen sind, von dem Leben Christi her. Das ist ein Wissen, kein Gefühl! Es geht nicht um einen emotionalen Höhenflug. Es geht darum, das zu glauben, was wir gehört haben. Was haben wir gehört? Das Wort Gottes sagt uns, dass wir ein Geist sind mit Jesus Christus (1. Korinther 6,17). Also ist es unsere Berufung, jeden Morgen aufzuwachen und so zu leben, als wäre das hundertprozentig wahr, denn das ist es. Wir müssen immer noch jeden Tag schwere Entscheidungen treffen: Vergebung, Freundlichkeit und Geduld anstelle von Bitterkeit, Feindseligkeit und Sorgen, die aufgrund unserer unrealistischen Erwartungen entstehen. Aber letzten Endes geht es um Beziehung und nicht um Leistung! Wenn wir unsere Augen auf ein bestimmtes Ergebnis richten, dann beten wir anstelle von Jesus das Ergebnis an. Der Himmel lädt uns ein, unsere Augen auf Jesus zu richten, den Anfänger und Vollender unseres Glaubens (Hebräer 12,2).

Gesetz vs Gnade

Gesetz	Gnade
Stellt auf Grundlage von Gottes Heiligkeit göttliche Maßstäbe auf, mit dem Zweck, die menschliche Sündhaftigkeit zu offenbaren und uns bewusst zu machen, dass wir göttliche Hilfe brauchen.	Verleiht auf Grundlage von Gottes Güte göttliches Leben, mit dem Zweck, uns zu Teilhabern an der göttlichen Natur zu machen und uns die Möglichkeit zu verschaffen, das volle Maß an göttlicher Hilfe zu erhalten.
Wurde durch Mose gegeben (Joh 1,17)	Gnade und Wahrheit kamen durch Jesus Christus (Joh 1,17).
Hält uns davon ab, zu Gott zu kommen (2. Mose 19,10-25; Hebr 12,18-21)	Fordert uns auf, zu kommen, wie wir sind (Joh 6,37; Mt 11,28-30)
Verdammt den Sünder (Röm 7, 9-11)	Erlöst den Sünder (1 Petr 1,18-19/ Eph 1,7)
Kann niemals Sünde wegnehmen	Reinigt das Gewissen durch das Blut Christi (Heb 9,14)
Verschließt jeden Mund (Röm 3,19)	Öffnet unseren Mund für Lob und Dank gegenüber Gott
Sagt: „Tu dies oder jenes."	Sagt: „Es ist getan, nun lebe."
Verdammt selbst die Besten (Röm 3,20)	Rechtfertigt selbst den Schlimmsten (Röm 3,24)
Sagt: „Zahle was du schuldig bist."	Sagt: „Es ist alles bezahlt." (Röm 4,5/ Joh 19,30)
Lässt uns an unserer eigenen Leistung verzweifeln	Lässt uns über die Leistung von Jesus jubeln
Sorgt dafür, dass Sünde abgerechnet wird (Röm 4,15)	Sorgt dafür, dass Gerechtigkeit geschenkt wird

Sagt: „Der Lohn der Sünde ist der Tod.“	Sagt: „Die Gabe Gottes ist ewiges Leben.“ (Röm 6,23)
Du bekommst die Strafe, die du verdient hast	Du bekommst Barmherzigkeit, die du nicht verdient hast.
Offenbart die Sünde der Menschen (Röm 7,7)	Offenbart Gottes Liebe zur Menschheit (Röm 5,6-8)
Fordert Gehorsam (du sollst nicht)	Gibt uns die Kraft, zu gehorchen (Hes 36,27)
Fordert, dass du Bedingungen erfüllst	Lädt dich ein, Segnungen zu empfangen
In Stein geschrieben (2. Mose 32,15-16)	Ins Herz geschrieben (2 Kor 3,3/ Heb 10,16-17)
Hatte eine gewisse Herrlichkeit (2 Kor 3,7-11)	Hat eine übertragende und außergewöhnliche Herrlichkeit
Seine Herrschaft endet mit Christus und dessen Sieg am Kreuz	Ihre Herrschaft bleibt (2 Kor 3,11)
Legt einen Schleier über den Verstand (2 Kor 3,12-16)	Enthüllt Christus in unserem Herzen
Bringt uns in Gebundenheit (Röm 7,1-2)	Setzt uns frei (2 Kor 3,17)
Erinnert uns an unsere Sünden	Erinnert uns an Jesu vollbrachtes Werk
Ewas, das wir halten müssen	Etwas, das uns hält
Schafft Sündenbewusstsein	Schafft Jesusbewusstsein
Offenbart und verstärkt unsere Trennung von Gott	Offenbart und verstärkt unsere Verbindung mit Gott
War ein Schatten	Ist das Echte

Schafft Furcht und Verzweiflung	Entfacht Glaube und Hoffnung
Das AT endet mit einem Fluch (Mal 4,6)	Das NT endet mit Segen (Offb 22,21)

Römer 8,4

So kann sich nun in unserem Leben die Gerechtigkeit verwirklichen, die das Gesetz fordert, und zwar dadurch, dass wir uns vom Geist Gottes bestimmen lassen und nicht mehr von unserer eigenen Natur.

Gerettet wofür?

Es ist wichtig zu wissen, wovor Gottes Gnade uns gerettet hat. Ebenso wichtig ist, zu wissen, wofür Gottes Gnade uns gerettet hat. Gnade ist mehr als ein Fallschirm, der uns vor einem katastrophalen Sturz bewahrt hat. Gnade ist ein Katalysator, der uns in ein fruchtbares und produktives Leben trägt. Das bringt uns zu einem allzu oft missverstandenen Thema: Werke.

Wenn auf der untersten Stufe der Erlösung Gottes Gnade in unser Leben kommt, dann kommt diese Gnade völlig unabhängig von unseren Werken. Wir tun absolut nichts dazu! Wir werden nicht durch Gottes Gnade plus unsere ernsthaften Bemühungen, unseren regelmäßigen Gottesdienstbesuch oder irgendein anderes Werk unsererseits neu gemacht. **Wir empfangen seine Gnade einfach durch den Glauben.**

Epheser 2,8-9

Noch einmal: Durch Gottes Gnade seid ihr gerettet, und zwar aufgrund des Glaubens. Ihr verdankt eure Rettung also nicht euch selbst; nein, sie ist Gottes Geschenk. Sie gründet sich nicht auf menschliche Leistungen, sodass niemand vor Gott mit irgendetwas großtun kann.

In diesem Abschnitt spricht Paulus ausdrücklich von der Gnade als der Wurzel unserer Erlösung. Wenn wir aber nur diesen Wurzelaspekt der Dinge erfassen, dann können wir hier stehenbleiben und sagen: „Das stimmt. Unsere Werke haben nichts mit unserer Erlösung zu tun, Werke sind also unwichtig und unbedeutend." Das mag für die Wurzel zutreffen, aber nicht für die Früchte. Jesus sagte aber, dass man seine wahren Nachfolger an ihren Früchten erkennt (Johannes 15,2.4-5.8.16).

Epheser 2,10

Denn was wir sind, ist Gottes Werk; er hat uns durch Jesus Christus dazu geschaffen, das zu tun, was gut und richtig ist. Gott hat alles, was wir tun sollen, vorbereitet; an uns ist es nun, das Vorbereitete auszuführen.

In der «Neues Leben»-Bibel lautet dieser Vers so: Denn wir sind Gottes Schöpfung. Er hat uns in Christus Jesus neu geschaffen, damit wir zu guten Taten fähig sind, wie er es für unser Leben schon immer vorgesehen hat. Gottes Gnade errettet uns nicht aufgrund unserer Werke, aber seine Gnade inspiriert, erweitert, belebt und verstärkt unsere Werke, nachdem wir gerettet worden sind. Gnade befähigt uns, das Richtige und somit Gutes zu tun. Unsere Werke sind Ausdruck unserer Erlösung. Wir müssen jeglicher Versuchung widerstehen, schlechte, böse, gesetzliche, tote, finstere, teuflische oder fleischliche Werke zu tun; aber wir sollen Gottes Wort und dem Geist gehorchen und in jedem guten Werk fruchtbar sein (Kolosser 1,10).

Titus 3,3-7

Früher waren nämlich auch wir – wie alle anderen Menschen – ohne Einsicht und Verständnis. Wir verweigerten Gott den Gehorsam, gingen in die Irre und wurden von allen möglichen Leidenschaften und Begierden beherrscht. Bosheit und Neid bestimmten unser Leben. Wir waren verabscheuungswürdig, und einer hasste den anderen. Doch dann ist die Güte Gottes, unseres Retters, und seine Liebe zu uns Menschen sichtbar geworden, und er hat uns gerettet – nicht etwa, weil wir so gehandelt hätten, wie es vor ihm recht ist, sondern einzig und allein, weil er Erbarmen mit uns hatte. Durch das Bad der Wiedergeburt hat er den Schmutz der Sünde von uns abgewaschen und hat uns zu neuen Menschen gemacht. Das ist durch die erneuernde Kraft des Heiligen Geistes geschehen, den Gott durch Jesus Christus, unseren Retter, in reichem Maß über uns ausgegossen hat. Durch Gottes Gnade für gerecht erklärt, sind wir jetzt also – entsprechend der Hoffnung, die er uns gegeben hat – Erben des ewigen Lebens.

Paulus sagt zu Titus, was immer wieder gesagt und betont wird: Erlösung kommt nicht aus unseren Werken, sondern aus Gottes Gnade. Der Abschnitt beschreibt die Wurzel der Gnade; im nun folgenden Vers geht es um die Frucht der Gnade.

Titus 3,8

Auf diese Botschaft ist Verlass, und ich möchte, dass du die Wahrheit dieser Aussagen mit allem Nachdruck bezeugst, damit die, die zum Glauben an Gott gekommen sind, es sich zum Ziel setzen, mit ganzer Hingabe Gutes zu tun. Ja, sich nach dieser Botschaft zu richten, ist gut und für jedermann von Nutzen.

Wenn es darum geht, Erlösung zu schaffen, sagt die Bibel «Nein» zu jeder Beteiligung von unserer Seite. Wenn es aber darum geht, unserer Erlösung Ausdruck zu verleihen, dann sagt die Bibel «Ja» zu unseren guten Werken, die von Gottes Gnade angeregt werden. Sind Werke also die Wurzel unserer Lösung? Absolut nicht. Aber sind Werke die gewünschten Früchte unserer Lösung? Ganz gewiss. Paulus sagt: „Schau mal, Titus, du wurdest durch Gottes Gnade, nicht durch deine Werke errettet; aber nun, da du gerettet bist, wird die Gnade Gottes in dir dich inspirieren und befähigen, die guten Werke zu tun, zu denen Gott dich beruft."

Titus 2,7

Sei du selber ihnen ein Vorbild darin, Gutes zu tun. Wenn du lehrst, tu es aufrichtig und glaubwürdig;

Titus 2,13-14

Seine Gnade führt auch dazu, dass wir voll Sehnsucht auf die Erfüllung der Hoffnung warten, die unser höchstes Glück bedeutet: das Erscheinen unseres großen Gottes und Retters Jesus Christus in seiner ganzen Herrlichkeit. Er ist es ja, der sich selbst für uns hingegeben hat, um uns von einem Leben der

Auflehnung gegen Gottes Ordnungen loszukaufen und von aller Schuld zu reinigen und uns auf diese Weise zu seinem Volk zu machen, zu einem Volk, das ihm allein gehört und das sich voll Eifer bemüht, Gutes zu tun.

Titus 3,14

Überhaupt sollen unsere Geschwister auf Kreta lernen, mit ganzer Hingabe Gutes zu tun und dort zu helfen, wo Hilfe nötig ist. Dann wird ihr Glaube nicht unfruchtbar bleiben.

Versuchte Paulus, der Mann, der mehr über Gnade gesagt hat als irgendjemand sonst, nun die Gläubigen unter irgendein gesetzliches Joch zu bringen, indem er ihnen sagte, sie sollten etwas leisten? Nein, natürlich nicht. Paulus verstand aber, dass Gnade, obwohl sie den Gläubigen die Gabe des ewigen Lebens ohne Zutun von Werken zuteil werden lässt, keine Eintrittskarte für ein Leben geistlicher Verantwortungslosigkeit und Faulheit ist. Vielmehr ist Gnade ein Sprungbrett in ein Leben des Gehorsams und der Fruchtbarkeit. Gnade (die Ausstattung unseres Lebens mit göttlicher Kraft) liefert den Impuls und ist die absolute Grundlage für unseren Gehorsam Gott gegenüber, der uns dazu bringt, Werke zu tun, die ihm gefallen und anderen wohltun. **Wir werden nicht durch Werke erlöst, aber wir werden erlöst, um gute Werke zu tun!** Ehe wir neu geboren wurden, kam die Gnade Gottes zu uns und sagte: „Es spielt keine Rolle, wie viel gute oder wie viel schlechte Werke du getan hast. Du kannst unmöglich so schlecht sein, dass du außerhalb der Reichweite meiner Barmherzigkeit wärst, und du kannst auch unmöglich so gut sein, dass du meiner Barmherzigkeit nicht bedarfst. Unabhängig davon, wie gut oder schlecht dein Leben gewesen ist, ich bin hier, um dir meine Gnade und Vergebung zuteil werden zu lassen. Das tue ich, damit du ein brandneues Leben voller guter Werke, die ich für dich bereitet habe, haben kannst."

Nachdem wir sein Geschenk angenommen haben, sagt Gottes Gnade (gewissermaßen) wieder zu uns: „Nun, da du Vergebung erlangt hast, angenommen und erlöst bist, werde ich in dir wirken und dir die Kraft geben, Gottes Plan für dein Leben zu erfüllen."

Zeugnis

Als ich wieder einmal bei uns im Fitnessstudio meine Arme trainierte, fiel mir ein junger Mann auf, der sich, wie es schien, gerade warm machte, um anschließend seine Muskeln zu quälen. Ich hatte meinen Kopfhörer auf und absolvierte meine Trizepsübung. Nach zwölf Wiederholungen war ich fertig mit der zweiten Runde und blickte wieder zu dem jungen Mann hinüber, der immer noch seine Beine dehnte. Ich sagte nichts, doch innerlich fragte ich mich: „Wann legt der denn endlich los?" Ich weiß schon, Aufwärmübungen sind wichtig, aber doch keine Ewigkeit lang. Ich schaute also erneut zu ihm, aber dieses Mal war er nicht nur mit sich selbst beschäftigt, sondern sah auch zu mir herüber. Unsere Blicke trafen sich und das Beste, was mir einfiel, war, meine Hand in seine Richtung auszustrecken, als würde ich ihm einen Segensgruß schicken. Ich dachte mir nichts dabei, aber als ich weitertrainierte, kam bereits der Gedanke: „Du hast gerade einem Wildfremden einen komischen Handgruß gegeben, na ja, was soll's." Ich kannte diesen jungen Mann nicht, womöglich war er von auswärts oder zum ersten Mal im Fitnesscenter. Ich trainierte weiter und hörte nebenbei motivierende christliche Musik. Plötzlich tippte mir jemand auf die Schulter. Es war der junge Ausdaueraufwärmer. Ich nahm meinen Kopfhörer ab und machte mich auf einen dummen Kommentar gefasst. Doch er sagte: „Hey, du wirst nicht glauben, was gerade passiert ist." „Nee, was denn?", erwiderte ich. „Als du dein komisches Handzeichen gemacht hast, konnte ich zum erste Mal in meinem Leben meine Arme auf den Boden strecken. Meine Muskeln sind ärztlich untersucht worden und man hat festgestellt, dass die hinteren Beinmuskeln zu kurz sind, sodass ich mich nicht völlig strecken kann." „Wow! Halleluja!" Er war mit Muskeln geboren worden, die zu kurz waren, aber nachwuchsen, als ich ihm einen Segensgruß während des Trainings schickte. Wow, Gott ist so lustig. Der junge Mann war überglücklich und ich konnte ihm zwischen all den Hanteln und schweren Gewichten von der Liebe des Vaters erzählen, die ihn gerade berührte und heilte. Halleluja!

Ist es nicht genial, dass Gott Menschen überall begegnen möchte, selbst wenn wir manchmal nicht einmal seine Nähe auf dem Schirm haben? Er ist uns nahe! In seiner Gegenwart passieren die besten und unmöglichsten Dinge.

”Vergeben[7]

Vergebung schreibt deine Geschichte NEU

Ich weiß nicht, wie es dir geht, doch ich wuchs mit dem Bewusstsein auf, dass ich meine Sünden noch vor Sonnenuntergang bekannt haben „musste“, um in Harmonie mit Gott und meinen Mitmenschen leben zu können. Es war wie ein Ritual, das man beim Zubettgehen abhakt. Diese Art von Bekenntnis hatte nichts mit Beziehung zu tun, es half lediglich meinem schlechten Gewissen.

Muss man aber für alle jemals begangenen Sünden um Vergebung bitten, um Vergebung zu bekommen?

Wenn ja, was würde das bedeuten, besonders wenn man eine Sünde bis zu seinem Tod vergessen hat?

Wenn mir vergeben ist, muss ich dann noch um Vergebung bitten? Ist die Bitte um Vergebung „schlecht“, wenn mir bereits vergeben ist?

---

7 Das Kapitel ist angelehnt an: http://www.fatofa.org/fuer-immer-vergeben/Heilig

Dies sind ein paar Fragen, die mir durch den Kopf gingen, als ich verstand, dass am Kreuz alle meine Sünden (vergangene, gegenwärtige und zukünftige = ALLE) vergeben wurden. Das Opfer Jesu am Kreuz fand zwar vor zweitausend Jahren statt, seine Auswirkungen sind jedoch allumfassend. Unsere früheren, jetzigen und zukünftigen Sünden, ja sogar die Sünden, über welche wir uns noch gar keine Gedanken gemacht haben, waren bereits im Werk am Kreuz enthalten. Es gibt keinen Vers in der Schrift, der besagt, dass die Sünden vor unserer Errettung anders behandelt werden, als die nach unserer Errettung. Wenn dem so wäre, hätte das Kreuz nach unserer Errettung eine schwächere Kraft, was einfach falsch ist. Aber schauen wir uns hierzu verschiedene Schriftstellen an, um das Ganze zu untermauern.

Durch die Augen des Neuen Bundes

Im Vaterunser lesen wir definitiv, dass Jesus zu seinen Jüngern sagt, sie sollen Gott um Vergebung bitten, wenn sie beten (Matthäus 6,9-13). Seine Worte sind in dem vielleicht bekanntesten Gebet der ganzen Bibel festgehalten, in einem Gebet, das bei vielen Anlässen (Gottesdiensten, Hochzeiten, Beerdigungen) zitiert wird. Wir kennen es alle, stimmt's? Wahrscheinlich können wir es sogar im Luther-Deutsch oder in der Elberfelderversion zitieren.

„....Und vergib uns unsere Schuld, wie auch wir vergeben unseren Schuldigern...“

Obwohl wir mit dieser Stelle so vertraut sind, könnte uns der Zusammenhang, in dem das Wort steht, überraschen, wenn wir uns die Zeit nehmen, alles zu lesen und darüber nachzudenken, was da eigentlich steht.

Zunächst müssen wir den historischen und den biblischen Zusammenhang des Vaterunsers berücksichtigen: Jesus sagte seinen Jüngern, wie sie beten sollten, bevor er ans Kreuz gehen und für ALLE Sünde sterben würde. Dieses Gebet Jesu samt der Aussage über Vergebung wurde als Muster gegeben, bevor er auf Golgatha die vollständige Vergebung bewirkte. Bedenke, dass ein Bund erst dann wirksam wird, wenn ein Tod eingetreten ist. (Hebräer 9,16-17). Der Neue Bund war zur Zeit dieses Gebets noch nicht in Kraft. Das Vaterunser ist also eindeutig ein Gebet, das im Alten Bund gegeben wurde.

Schauen wir uns das Vaterunser einmal durch die Linse des Neuen Bundes der Gnade an (Matthäus 6:9-13):

Vers 9: Unser Vater, der du bist im Himmel! Geheiligt werde dein Name.

- Jesus ist der heilige Name!

Vers 10: Dein Reich komme. Dein Wille geschehe, wie im Himmel, so auch auf Erden.

- Jesus ist Gottes Wille im Himmel und auf Erden!

Vers 11: Gib uns heute unser tägliches Brot.

- Jesus ist unser tägliches Brot!

Vers 12: Und vergib uns unsere Schulden, wie auch wir vergeben unseren Schuldnern.

- Jesus hat all unsere Schulden vergeben! (Und vergebt einander, gleichwie auch Gott euch vergeben hat in Christus.)

Vers 13: Und führe uns nicht in Versuchung, sondern errette uns von dem Bösen. Denn dein ist das Reich und die Kraft und die Herrlichkeit in Ewigkeit! Amen.

- Jesus hat uns von allem Bösen errettet! (Jesus ist im Reich, in seiner Kraft und in seiner Herrlichkeit, Amen.)

Das Vaterunser ist in einem Wort erfüllt: Jesus!

Wenn du dir dieses Gebet außerhalb der Gnadenperspektive Gottes genau anschaust, wirst du sehen, dass es nicht heißt: Vergib uns unsere Schuld. Nein, es heißt: Vergib uns unsere Schuld, wie auch wir vergeben unseren Schuldigern (Matthäus 6,12). Eigentlich sagt Jesus seinen jüdischen Zuhörern damit, dass sie die Freiheit haben, Gott um Vergebung zu bitten; dass sie Gottes Vergebung aber nur in dem Maße erwarten können, wie sie selbst anderen vergeben haben! Wenn du mir nicht glaubst, dann lies einmal genau, was am Ende dieses Gebets steht, denn das wird sehr häufig nicht zitiert:

Matthäus 6,14-15

Wenn ihr den Menschen ihre Verfehlungen vergebt, wird euer Vater im Himmel euch auch vergeben. Wenn ihr aber den Menschen nicht vergebt, wird euer Vater im Himmel euch eure Verfehlungen auch nicht vergeben.«

Das klingt doch sehr stark nach einer Bedingung! In der Tat. Es ist ziemlich eindeutig, dass Gott seinen Teil tun wird, wenn du deinen tust. Wenn du deinen Teil aber nicht erfüllst, wird Gott seinen auch nicht erfüllen. Wow, ob uns vergeben wird, ist also davon abhängig, inwieweit wir anderen vergeben. Autsch, das ist anstrengend und nicht sehr vielversprechend. Wenn ich überleben will, muss ich einen anderen Weg finden. Und genau das bekamen wir durch Golgatha - einen neuen Weg!

Einen neuen Weg, bei welchem die Bedingung zur Vergebung nicht auf meiner Seite liegt, sondern Jesus jede Bedingung getragen hat. Jesus setzte, wie so oft, die Messlatte durch dieses alttestamentliche Gebet (Vaterunser) so hoch, dass die Religiösen an ihre Grenzen kommen müssen.

Wir können heute vergeben, weil Gott uns bereits vergeben hat (Kolosser 3,13). Wir vergeben nicht, damit Gott uns vergibt. Wir vergeben, weil er uns schon vergeben hat. Wir sind dazu geschaffen, Gottes Vergebung weiterzugeben!

Doch es gibt in der Bibel noch andere Schriftstellen zu diesem Thema (hier nur ein paar):

Epheser 4, 32

Geht vielmehr freundlich miteinander um, seid mitfühlend und vergebt einander, so wie auch Gott euch durch Christus vergeben hat.

Kolosser 2, 13

Ja, Gott hat euch zusammen mit Christus lebendig gemacht. Ihr wart nämlich tot – tot aufgrund eurer Verfehlungen und wegen eures unbeschnittenen, sündigen Wesens. Doch Gott hat uns alle unsere Verfehlungen vergeben.

Kolosser 3, 13

Geht nachsichtig miteinander um und vergebt einander, wenn einer dem anderen etwas vorzuwerfen hat. Genauso, wie der Herr euch vergeben hat, sollt auch ihr einander vergeben.

1. Johannes 2, 12

Meine lieben Kinder, ich schreibe euch, weil euch eure Sünden um Jesu willen vergeben sind.

Diese Schriftstellen stehen völlig im Gegensatz zu dem Vers im Vaterunser! Vier Schriftstellen, die eindeutig klarstellen, dass Gott uns vergeben hat, und uns zeigen, wie wir mit Vergebung umgehen sollen.

Was tun wir jetzt?

Die ganze Bibel ist von Gott inspiriert. Gott widerspricht sich nicht. Wenn es beim Bibellesen so aussieht, als würde Gott sich „widersprechen", dann ist das eine Einladung an uns, ihn zu suchen und Fragen zu stellen. Gott ist ein Gott der Beziehung, und er ist größer als sein Buch.

Was unterscheidet das Vaterunser von den oben genannten vier Schriftstellen? Richtig, wie oben beschrieben, stammt die Schriftstelle aus Matthäus (Vaterunser) aus der Zeit vor dem Kreuz, die anderen aus der Zeit nach dem Kreuz.

Wir müssen das Wort (die Bibel) „durch die richtige Linse" betrachten. Am klarsten geschieht dies in der Unterscheidung der Bündnisse. Das Kreuz ist die Trennungslinie der Bündnisse. Wenn wir also die Bibel lesen, sollten wir sie durch die Linse des Blutes Jesu lesen - durch das Kreuz.

Hebräer 9, 16-17

Mit dem neuen Bund verhält es sich wie mit einem Testament. Um ein Testament vollstrecken zu können, muss man nachweisen, dass der, der es aufgesetzt hat, gestorben ist. Erst im Todesfall wird es gültig; solange der Betreffende lebt, ist es noch nicht rechtskräftig.

Der Neue Bund fängt also nicht mit dem „Neuen Testament“, dem Evangelium nach Matthäus an, sondern mit Jesu Tod und Auferstehung. Wir haben unser neues Leben aus dieser unfassbaren Liebestat Jesu am Kreuz empfangen.

Durch Jesu Opfer leben wir in diesem Neuen Bund und erleben die Auswirkungen des vollbrachten Werkes Jesu am Kreuz.

Hebräer 9, 12

Und was ihm den Weg ins Heiligtum öffnete, war nicht das Blut von Böcken und Kälbern, sondern sein eigenes Blut. Ein einziges Mal ist er hineingegangen, und die Erlösung, die er bewirkt hat, gilt für immer und ewig.

Jesus hat uns durch das Kreuz eine ewige Erlösung erworben und uns all unsere Schuld vergeben. Gott befindet sich außerhalb von Raum und Zeit und das Lamm ist geschlachtet worden vor Grundlegung der Welt (siehe Offenbarung 13, 8). Jesus trug alle Sünden, Vergangenheit, Gegenwart und Zukunft! *„Siehe das Lamm Gottes, das die Sünden der Welt wegnimmt.“* (Johannes 1, 29). Nein, ich glaube nicht an die „Allversöhnung“ (die Lehre, dass die ganze Welt errettet ist)! Das Kreuz Jesu und seine Auswirkungen werden erst dann in einem Leben sichtbar, wenn es im Glauben angenommen wird. Dies geschieht, wenn ich den Herrschaftswechsel vollziehe und Jesus auf den Thron meines Lebens lasse, indem ich „Ja“ zu ihm sage, in die beste Beziehung eintrete und ein Kind Gottes werde.

Natürlich gibt es noch mehr Schriftstellen in der Bibel, die dies bekräftigen.

Ein für alle Mal

Römer 5, 10

Wir sind ja mit Gott durch den Tod seines Sohnes versöhnt worden, als wir noch seine Feinde waren. Dann kann es doch gar nicht anders sein, als dass wir durch Christus jetzt auch Rettung finden werden – jetzt, wo wir versöhnt sind und wo Christus auferstanden ist und lebt.

2. Korinther 5, 18+ 19

Das alles ist Gottes Werk. Er hat uns durch Christus mit sich selbst versöhnt und hat uns den Dienst der Versöhnung übertragen. 19 Ja, in der Person von Christus hat Gott die Welt mit sich versöhnt, sodass er den Menschen ihre Verfehlungen nicht anrechnet; und uns hat er die Aufgabe anvertraut, diese Versöhnungsbotschaft zu verkünden.

Ist Versöhnung ohne Vergebung möglich? Kann Gott sich mit uns versöhnen (als wir noch Feinde waren, also bevor wir irgendetwas richtig gemacht haben), ohne uns zu vergeben? Lebt denn Gott in Unvergebenheit? Fordert er etwa, wir sollen vergeben, ohne es selbst zu tun? Will er Dinge von uns, zu denen er selbst nicht bereit ist?

Gott hat uns in Christus vergeben. **Vergebung im Neuen Bund bedeutet, dass das Thema Sünde ein für alle Mal vom Tisch ist.** Gott wird unsere Sünden nie mehr erwähnen, egal in welchem Zusammenhang. Er erinnert sich nicht mehr an sie (Hebräer 8,12)! Deshalb sehen wir in Hebräer 11 die Glaubenshelden aufgelistet, und überall wird erwähnt, wie heldenhaft sie waren. Doch von ihren Sünden keine Spur. Gott sieht uns durch das Blut Jesu - frei von aller Schuld.

Unsicher?

Hast du dich einmal gefragt, wie du kühn und mutig in seine Gegenwart kommen kannst, wenn du Zweifel hast, ob dir auch wirklich alles vergeben wurde?

Wie du jemals frei von Anklage und Verdammnis leben kannst, obwohl es dir die Bibel verspricht? Kannst du überhaupt mit Heilsgewissheit leben? Was ist, wenn du doch noch eine unbewusste Sünde getan hast, oder sie war dir sogar bewusst (z.B. Gedankensünden), aber du hast vergessen, dafür um Vergebung zu bitten? Was ist, wenn du dann stirbst und vor Gott stehst und dir ist nicht vergeben? Wer oder was bezahlt nun für diese nicht vergebene Sünde?

Manchmal denke ich, wir stecken ziemlich tief in Traditionen oder Gedankenstrukturen fest (die wir hinterfragen sollten), die uns nur noch mehr in Gefangenschaft führen.

Gott hat uns in Christus völlig vergeben! Das ist die Auswirkung des vollbrachten Werkes am Kreuz. Wie wollen wir in der Kraft des Auferstehungslebens Christi wandeln, wenn wir die Endgültigkeit des einmaligen Todes Jesu nicht annehmen? Für dich und für mich wurde bezahlt und zwar mit nichts weniger als dem kostbaren Blut des Sohnes Gottes! Jegliche Schuld gegen dich wurde beglichen! Der Schuldschein wurde zerrissen (Kolosser 2). **Wenn wir immer noch glauben, dass uns ein Sündenbekenntnis Erlösung bringt, ist nicht Jesus unser Erlöser, sondern das Bekenntnis!**

Unsere Bußübungen retten uns nicht, sondern sein Werk am Kreuz hat uns gerettet! Wir können es nicht durch irgendetwas erwirken, da es schon erwirkt wurde! Übrig bleibt das Vertrauen darauf.

Es ist wie mit einem Gewinn im Lotto. Ich kann einen Brief bekommen, der mich über meinen Gewinn als Lottomillionär informiert. Doch solange ich ihn nicht öffne, nützt er mir nichts. Ich bin zwar von Rechts wegen ein Millionär, aber es nützt mir nichts, da ich nichts davon weiß und den Gewinn somit nicht in Anspruch nehmen kann. So ähnlich ist das mit der Erlösung / Vergebung. Gott hat es getan. Er hat die Welt in Christus umarmt. Doch ob wir seine Umarmung erwidern wollen oder ablehnen, ist unsere Entscheidung. Ohne Glauben an die Wahrheit habe ich nichts von der Wahrheit. ***„Denn auch uns ist eine gute Botschaft verkündigt worden, wie auch jenen; aber das gehörte Wort nützte jenen nicht, weil es bei denen, die es hörten, sich nicht mit dem Glauben verband.“*** (Hebräer 4, 2 ELB).

Warum Matthäus 6?

Als Grundlage müssen wir verstehen, dass Gottes Vergebung im Neuen Bund nicht an eine Bedingung geknüpft werden kann, ansonsten sprechen wir von Werksgerechtigkeit, was Gott ein Gräuel ist. Was will uns Gott aber sagen, wenn er meint, wir sollen vergeben, damit Gott uns vergibt? In Verbindung zu anderen Schriftstellen über Vergebung gibt es eine unmissverständliche Botschaft: Wenn wir nicht vergeben, bleiben wir in Gefangenschaft! „Nicht zu vergeben, ist wie Gift trinken und erwarten, dass der andere stirbt.“ (Quelle unbekannt). Unvergebenheit schadet uns! Wir bleiben in einem Gefängnis, obwohl wir selbst den Schlüssel zur Tür besitzen. Der Schlüssel heißt: „Vergeben, wie Gott mir vergeben hat“.

Doch von wem lernen wir zu vergeben? Von Gott persönlich! Er ist unser Lehrer. Jesus rief noch am Kreuz, unschuldig leidend für unsere Sünden: „Vater, vergib ihnen, denn sie wissen nicht, was sie tun!" Dasselbe Gebet finden wir später bei Stephanus, als er wegen seines Glaubens gesteinigt wird. Von wem hat er es wohl gelernt? Ich möchte behaupten, dass die Erkenntnis seiner eigenen empfangenen Vergebung in Jesus Christus ihn zu solch einem Gebet befähigte!! Warum fällt es vielen Christen so schwer, anderen zu vergeben? Warum schreien so viele nach „Gerechtigkeit" (Rache), wenn ihnen etwas angetan wurde, und rufen „Auge um Auge, Zahn um Zahn", als würden wir noch unter dem Alten Bund leben?

Wir haben die Vergebung, die wir in Christus haben, nicht verstanden! Würden wir das radikale Ausmaß seiner Vergebung uns gegenüber verstehen, wäre die Frage der Vergebung gegenüber anderen Menschen nicht mehr so schwer zu beantworten. Jesus kostete es alles - sein kostbares Leben. Uns hingegen kostet es ein herzliches „Natürlich vergebe ich dir". Aber da wir noch so sehr auf uns selbst fixiert sind, unser Recht suchen, denken, dass Vergeltung uns glücklich macht, die Weisheit der Welt noch in unserem Kopf steckt usw., können wir nur loslassen. Dabei schaden wir uns selbst und beweisen damit, dass wir nicht verstehen, wie tiefgreifend Gottes Vergebung uns gegenüber eigentlich ist.

Viel oder wenig vergeben?

Lukas 7, 47 (ELB)

Deswegen sage ich dir: Ihre ***vielen*** *Sünden sind vergeben, denn sie hat viel geliebt; wem aber wenig vergeben wird, der liebt wenig. –*

Aufgrund meiner Geschichte meinten Jugendliche, die in der Kirche aufgewachsen waren, früher zu mir: „Wenn wir dasselbe durchgemacht hätten wie du, dann hätten wir auch so eine krasse Begegnung mit Jesus gehabt und könnten genauso wie du Jesus leidenschaftlich nachfolgen." Viele Christen denken ähnlich. Je „weltlicher" die Vergangenheit, desto mehr Feuer für Jesus. Das ist eine Lüge! Wer nicht heftig sündigt, liebt nicht viel... Wirklich? Wenn wir verstehen würden, wie hoffnungslos verloren, wie absolut ohne Hoffnung und ohne jegliche Chance auf Heilung wir waren, dann würde sich unser Denken ändern! Selbstverbesserung, Selbsterlösung, den eigenen sündigen Zustand durch gute Werke verbessern wollen - das alles ist eine Unmöglichkeit! Jesus nannte uns *„Söhne des Teufels"* (Epheser. 2)! Des Teufels Natur war in uns, weil unser aller Identität „in Adam", also im gefallenen Zustand, war. Jede noch so kleine Sünde verdient den Tod und kann auf menschlichem Wege nicht gesühnt werden. Anders ausgedrückt: **Schon allein die Vergebung eines bösen Gedankens nagelte Jesus ans Kreuz.** Da gibt es auf einmal keine „großen und kleinen Sünden mehr". Uns allen ist **VIEL** vergeben! Es ist nicht so, dass Jesus für Notlügen mit einem Tropfen Blut und für Mord mit einem Eimer voll Blut bezahlte. Wenn wir verstehen, dass uns viel vergeben wurde, versetzt uns diese Erkenntnis in die Lage, „viel zu lieben". Der brave, nette Atheist von nebenan braucht das Blut Jesu genauso dringend wie der drogenabhängige Frauenmörder im Gefängnis. **Jedem von uns wurde extrem viel vergeben!**

Diese Erkenntnis führt zu einem genialen Ergebnis: Dankbarkeit, Lobpreis und Anbetung, die überfließen, da uns vollkommen vergeben ist.

Aber was tun, wenn die Versuchung dennoch anklopft?

Anhalten, kehrtmachen und weglaufen! Das tut man ja auch, wenn es brennt. Aber im Ernst, was sollen wir tun? Ganz klar, hör auf zu sündigen und lauf weg vor der Versuchung. Man muss kein Genie zu sein, um darauf zu kommen, was Gottes Hauptanliegen ist, wenn wir sündigen: dass wir keinen Schaden erleiden und nicht darin versumpfen. Schau dir an, was Paulus einem Menschen der frühen Gemeinde riet, der gestohlen hatte:

Epheser 4,28

Wer bisher ein Dieb gewesen ist, soll aufhören zu stehlen und soll stattdessen einer nützlichen Beschäftigung nachgehen, bei der er seinen Lebensunterhalt mit Fleiß und Anstrengung durch eigene Arbeit verdient; dann kann er sogar noch denen etwas abgeben, die in Not sind.

Eigentlich sagte Paulus nur: hör auf zu stehlen, such dir eine Arbeit und gibt den Armen etwas davon ab. Das ist eine praktische Antwort, die sich mit der Zukunft des Mannes auseinandersetzt. Der Mann wird nicht verurteilt und muss sich keinem Reinigungsritual unterziehen. Die Lösung ist einfach: hör auf zu sündigen und mache es beim nächsten Mal anders. Das ist die einfache Antwort auf die Frage, was wir tun sollen, wenn wir sündigen.

Vergeben mit Vorbehalt?

WAS IST MIT 1. JOHANNES 1 VERS 9?

1. Johannes 1,9 ist eine oft zitierte Schriftstelle, um das „Bekennen“ der Sünde zu unterstreichen. Zahlreiche Bücher und Lehrmeinungen über Vergebung berufen sich auf diesen Vers. Das Beste ist immer, den Text im Kontext zu betrachten. Lesen wir hierzu zunächst die Verse 8 und 10:

1. Johannes 1, 8-10 (ELB)

Wenn wir sagen, dass wir keine Sünde haben, betrügen wir uns selbst, und die Wahrheit ist nicht in uns. Wenn wir unsere Sünden bekennen, ist er treu und gerecht, dass er uns die Sünden vergibt und uns reinigt von jeder Ungerechtigkeit. Wenn wir sagen, dass wir nicht gesündigt haben, machen wir ihn zum Lügner, und sein Wort ist nicht in uns.

Mit anderen Worten: Vergebung findet dann statt, wenn ich Sünde bekenne. Nach all unseren vorigen Erkenntnissen und Bibelversen ist dies ein schwer zu verdauender Vers. Selbst wenn wir den Vers so stehen lassen, stoßen wir auf eine gute Botschaft: beim Bekennen meiner Sünde wird Gott mich von den Auswirkungen dieser Ungerechtigkeit befreien! Das ist auf jeden Fall nicht schlecht, denn wir alle wollen frei von Ungerechtigkeit sein. Andererseits ist das jedoch keine gute Nachricht, denn falls ich ein paar Sünden zu bekennen vergesse, muss ich logischerweise die Konsequenzen tragen – in diesem und im kommenden Leben.

Schauen wir einmal genauer auf den Kontext, um ein klareres Bild zu bekommen. Wir fangen beim Anfang des Briefes an und arbeiten uns vor.

1. Johannes 1, 1- 3b (ELB):

Was von Anfang an war, was wir gehört, was wir mit unseren Augen gesehen, was wir angeschaut und unsere Hände betastet haben vom Wort des Lebens – und das Leben ist offenbart worden, und wir haben gesehen und bezeugen und verkündigen euch das ewige Leben, das bei dem Vater war und uns offenbart worden ist -, was wir gesehen und gehört haben, verkündigen wir auch euch,...

Briefe wie der Johannesbrief waren Schriften, welche verschiedenen Gruppen von Menschen öffentlich vorgelesen wurden. Johannes bringt hier eigentlich einen klassischen Ablauf einer Botschaft, die an ein gemischtes Publikum von Christen und Nichtchristen geht. Als erstes gibt Johannes ein Zeugnis seines eigenen Erlebens. Er bezeugt „Das Wort des Lebens". Was Johannes über den Sohn Gottes, der das Leben ist, schrieb, gründet in dem, was er von ihm, nachdem er Mensch wurde, gehört, gesehen und verstanden hatte. Hier wird bereits die Einheit zwischen dem ewigen Sohn Gottes und Jesus von Nazareth deutlich. Im weiteren Verlauf des Briefes geht es um Irrlehrer, die genau dies leugneten. Lesen wir weiter.

1. Johannes 1, 3+ 4 (ELB):

..., was wir gesehen und gehört haben, verkündigen wir auch euch, damit auch ihr mit uns Gemeinschaft habt; und zwar ist unsere Gemeinschaft mit dem Vater und mit seinem Sohn Jesus Christus. Und dies schreiben wir, damit unsere Freude vollkommen sei.

Johannes benutzt hier die Sprache des Gerichts. Er tritt als Zeuge auf, der die Wahrheit einer Sache bezeugt. Er gibt Zeugnis, mit dem Ziel, dass auch seine Zuhörer diesen Ruf erwidern und in die Gemeinschaft mit Gott eintreten. Er lädt die Zuhörer ein, das zu erleben, was auch er und seine Brüder und Schwestern erlebt haben, dass es nämlich nichts Besseres gibt, als Gemeinschaft mit dem lebendigen Gott zu haben. Wer wird angesprochen? Jedenfalls keine Christen, denn die haben diese Gemeinschaft mit Papa Gott schon! Die Vermutung liegt nahe, dass er gezielt Menschen anspricht, die Jesus nicht kennen. Doch lesen wir weiter.

1. Johannes 1, 5- 7 (ELB):

Und dies ist die Botschaft, die wir von ihm gehört haben und euch verkündigen: dass Gott Licht ist, und gar keine Finsternis in ihm ist. Wenn wir sagen, dass wir Gemeinschaft mit ihm haben, und wandeln in der Finsternis, lügen wir und tun nicht die Wahrheit. Wenn wir aber im Licht wandeln, wie er im Licht ist, haben wir Gemeinschaft miteinander, und das Blut Jesu, seines Sohnes, reinigt uns von jeder Sünde.

Johannes betont den Charakter/die Natur Gottes: „Licht" steht bildlich für echtes Leben, Wahrheit, Gerechtigkeit, Liebe, „Finsternis" dagegen für Lüge, Ungerechtigkeit, Tod, Hass.

Gott ist gut! Er ist Licht! Er hat nichts mit der Dunkelheit (dem Bösen) zu tun! In ihm ist keine Finsternis. Somit sagt Johannes auch, dass Christen Licht sind und hell in der Finsternis leuchten, was bedeutet, ein siegreiches Leben über die Sünde zu führen. Allein hier sollte auffallen, dass sich jemand, der im Licht der Gemeinschaft Gottes wandelt, in einem Zustand befindet, der unter anderem als „gereinigt von jeder Sünde" bezeichnet wird, also ein vollkommen vergebener Zustand, frei von Sünde!

Jetzt kommen wir zu unseren anfangs erwähnten Verse. Lesen wir sie noch einmal.

1. Johannes 1, 8- 10 (ELB)

Wenn wir sagen, dass wir keine Sünde haben, betrügen wir uns selbst, und die Wahrheit ist nicht in uns. Wenn wir unsere Sünden bekennen, ist er treu und gerecht, dass er uns die Sünden vergibt und uns reinigt von jeder Ungerechtigkeit. Wenn wir sagen, dass wir nicht gesündigt haben, machen wir ihn zum Lügner, und sein Wort ist nicht in uns.

Warum betrügt man sich selbst, wenn man sagt: „Ich habe keine Sünde!“? Wer behauptet, dass er keine Sünde an sich hat, lügt, weil er die Notwendigkeit des Kreuzes leugnet. Mit anderen Worten: Jesus hätte für mich nicht sterben müssen, wenn ich ein guter Mensch wäre. „Gute“ Menschen kommen aber nicht in den Himmel, nur „vergebene“ Menschen bekommen Zugang zum ewigen Leben. Johannes spricht also Menschen an, die noch nicht in der Gemeinschaft mit Gott sind! Und wie kommt man in diese Gemeinschaft? Wie kommt man ins Licht? Wie wird man frei von Finsternis? Indem man anerkennt, dass man Vergebung braucht, dass man ein Sünder ist und gesündigt hat, dass man sich nicht selbst auf religiöse Weise verbessern kann! Wer es aber anerkennt, der empfängt Vergebung und erfährt eine Reinigung von jeder Ungerechtigkeit! Was heißt das? Er wird in und durch Christus gerecht gesprochen! Man kann „unschuldig“, ohne Schuld vor Gott stehen.

1.Johannes 1, Vers 9 spricht also hauptsächlich Nichtchristen an. Den Anfang des 2. Kapitels nehmen wir hinzu, da es in den ursprünglichen Schriftrollen keine Kapitel gab. Der Text ging einfach weiter.

1. Johannes 2, 1+2 (ELB)

Meine Kinder, ich schreibe euch dies, damit ihr nicht sündigt; und wenn jemand sündigt – wir haben einen Beistand bei dem Vater: Jesus Christus, den Gerechten. Und er ist die Sühnung für unsere Sünden, nicht allein aber für die unseren, sondern auch für die ganze Welt.

Das Publikum ändert sich. *„Meine Kinder...“*. Jetzt stehen wir Christen im Fokus und Johannes weist auf das Resultat seiner vorherigen Zeilen hin: ein heiliges Leben im Licht durch die Kraft des Kreuzes, völlig vergeben, gerecht in Christus und siegreich über Sünde (weshalb die vorherigen Zeilen auch für Christen von Bedeutung sind und somit an ein gemischtes Publikum gehen)!

Johannes zeigte den Nichtchristen den Weg in die Gemeinschaft mit Gott. Die Christen erinnerte er daran, was diese Gemeinschaft bedeutet: Vergebung, Gerechtigkeit, siegreiches Leben! Er schreibt ihnen die Zeilen dieses Briefes, „damit sie nicht sündigen!“ Das ist interessant, denn wer behauptet, nicht zu sündigen (behauptet, keine Sünde zu haben, oder behauptet, nicht gesündigt zu haben. Siehe 1. Johannes 1, 8 und 10), betrügt sich doch eigentlich selbst und Gottes Wort ist nicht in ihm, wie einige Zeilen zuvor in Kapitel 1 erwähnt... Er richtet sich an zwei verschiedene Zuhörergruppen!

Doch es geht weiter: Wenn ein Christ sündigt (es ist ihm zwar noch möglich, doch besteht eindeutig auch die Möglichkeit, es in der Kraft und Gnade Gottes nicht zu tun), dann hat er einen „Beistand“, Jesus Christus, den Gerechten, der die Sühnung für unsere Sünden ist. Im Griechischen steht hier ein Hauptwort, welches nicht mit einem einzigen deutschen Wort wiedergegeben werden kann. Es bezeichnet eine Person, die von ihrem Rang her die Vollmacht hat, einem Angeklagten zum Freispruch zu verhelfen. Wir könnten es mit „Beistand, Helfer, Vermittler" übersetzen. Wir sehen einen anderen Umgang mit der Sünde im Vergleich zu Kapitel 1! Der angesprochene Nichtchrist in Kapitel 1 muss Sünde bekennen, um Erlösung zu erfahren. Der Christ hingegen, der die Erlösung empfangen hat, sich aber von dem Betrug der Sünde belügen lässt, soll sich an Jesus und seine Gerechtigkeit wenden, anstatt auf sich und sein Versagen zu schauen! Warum? Weil ihm in Christus bereits vergeben ist und er dort die Kraft bekommt, siegreich zu überwinden, ohne Verdammnis, Anklage und Scham! Er kommt zu Gott, nicht um Vergebung gegen Buße einzutauschen, sondern um befähigende Kraft und Sicherheit in der Annahme Gottes zu finden, um aus dem Fehltritt wieder herauszukommen und nicht noch einmal hineinzutreten! Seine Motivation ist nicht, weiterhin Mist zu bauen. Ihm ist klar, dass er im Licht der Erwählung Gottes nicht in seiner neuen Natur (heilig, gerecht..) gelebt und das Ziel verfehlt hat. Aber Sündenfokus und Selbstmitleid helfen nicht, Christusfokus und die Gerechtigkeit in Jesus dagegen schon. Denn was wir anschauen (fokussieren), zu dem werden wir (2. Korinther 3,18)! Wenn wir die Sünde fokussieren, nimmt die Sünde automatisch zu. Wenn wir auf Jesus schauen, gewinnen wir die Fähigkeit, durch seine Liebe als Überwinder Sünde zu überwinden.

Und damit es ganz deutlich wird, fügte Johannes unter der Leitung des Heiligen Geistes noch hinzu, dass Christus nicht nur die persönlich empfangene Sühnung der Schuld ist, sondern die der ganzen Welt! Also doch schon vergeben, bevor man um Vergebung gebeten hat. Die Umkehr von meinen eigenen Wegen hin zu Gottes befähigende Gnade hat diese Vergebung einfach in meinem Leben wirksam gemacht. Und nun, völlig vergeben und rein, sollen meine Augen auf meiner Befähigung bleiben: Jesus Christus.

1. Johannes 1 Vers 9 kann nicht an Christen gerichtet sein. Wenn du bekannt hast, dass du ein Sünder bist, und dir bewusst wurde, dass du einen Erretter brauchst und Jesus Christus als diesen Erretter angenommen hast, IST DIR VERGEBEN, und zwar Vergangenheit, Gegenwart und Zukunft. Ganz korrekt müssten wir sogar sagen, dass uns bereits vorher vergeben war, es war nur nicht wirksam für uns, weil wir es nicht glaubensvoll empfangen hatten. Solange deine Hoffnung allein auf Christus liegt, kannst du für immer in dieser Realität „vollkommen vergeben" leben! Oh welch herrliche Hoffnung! Du bist kein Sünder mehr, du bist heilig und gerecht!

Diese Erkenntnis der Vergebung produziert aus Gnade dasselbe Leben in uns, wie es Jesus Christus hat. Siegreich, überwindend, gerecht, heilig, die Werke des Teufels vernichtend! Das bist du! Kein Sklave mehr, kein Waisenkind, sondern ein mündiger Sohn, eine mündige Tochter Gottes, voll des Heiligen Geistes, voll der Gnade, heilig und gerecht!

Sündigen, weil dir vergeben ist?

Manche befürchten, dass Menschen losrennen und hemmungslos sündigen, wenn sie von bedingungsloser Vergebung hören. Deshalb predigen sie es nicht. Lieber halten sie die Schafe in Unmündigkeit und mit ein bisschen Gesetz unter Kontrolle, als der überschwänglichen Gnade Gottes zu vertrauen, welche unsere einzige Hoffnung auf

Freiheit von Sünde ist (siehe Römer 6, 14). Sünder über ihre Sünden zu informieren, ist, als würde man zu dir sagen, du liest gerade Steves Buch. Das weißt du schon.

Gott sagte einmal zu mir, dass die Dinge der Welt verblassen würden, wenn ich mehr über die Liebe Gottes sprechen würde. Das mag für den einen oder anderen keinen Sinn ergeben. Aber sieh selbst.

1. Johannes 2,15 (ELB)

Liebt nicht die Welt noch was in der Welt ist! Wenn jemand die Welt liebt, ist die Liebe des Vaters nicht in ihm;

Was würde passieren, wenn wir die Liebe Gottes und seine Gnade predigen würden? Der Umkehrschluss dieses Verses. Wenn die Liebe des Vaters gepredigt wird, nimmt Offenbarung und Erkenntnis dieser Liebe zu und wir können nicht mehr die Welt lieben wollen.

Ich habe noch niemanden getroffen, welcher die herrliche Gnade in ihrer Auswirkung erkannt und so weitergelebt hat wie zuvor. Was ich jedoch bei diesen Personen erlebe, ist Hingabe, Liebe, Freude im Überfluss. Sie leben einen fröhlichen, heiligen Lebensstil, frei von Heuchelei und frommem Getue. Ich habe noch nie jemanden kennengelernt, der wegen dieser Botschaft losrannte und mal so richtig sündigte, weil ihm ja vergeben ist. Nein. Das Gegenteil ist der Fall.

Ich sehe fröhliche Menschen, die lernen, aus seiner Kraft zu leben und damit sehr viel siegreicher im Leben sind. Sie leben aus der Gabe der Gerechtigkeit und dem Geschenk der überfließenden Gnade (siehe Römer 5, 17) siegreich über Sünde! Ihr heiliger Lebensstil wird dadurch offenbar, dass sie in einem krampflosen Vertrauen an das von Christus vollbrachte Werk am Kreuz ruhen! Sie sind Glaubende, nicht „sich noch mehr Anstrengende".

Diese Erkenntnis befreit von Angst, Bedrückung, Panik, Anklage, Verdammnis und auch den oft hinzutretenden körperlichen Beschwerden und Süchten! Warum? Weil Freiheit von Verdammnis natürlich die Sicherheit meiner Vergebung voraussetzt! Jesus kam, um die Gefangenen zu befreien, nicht, um ihnen neue Ketten anzulegen. Wenn du dem Evangelium glaubst und Jesus als deinen Herrn angenommen hast, dann ist dir vergeben!

Um Vergebung bitten?

Was hat es dann mit dem „um Vergebung bitten" noch auf sich?

Manche wollen, dass du für jede Sünde deines Lebens explizit um Vergebung bittest. Andere sagen, du müsstest gar nicht mehr um Vergebung bitten und es sei sogar Unglaube, wenn du es tust. Nun, die erste Position ist pure Werksgerechtigkeit. Wenn dir Dinge auffallen (ohne dass du danach gesucht hast), dann bring sie zu Jesus. Aber wenn du mit dem Gedanken danach suchst, dass sie unvergeben bleiben, solange du sie nicht findest, dann schlägst du den Weg der Selbsterlösung ein. Schaue auf Jesus, und in seinem Licht und seiner Liebe wird alles, was nicht in dieses Licht und diese Liebe passt, sichtbar werden. Doch was dann? Was, wenn mir Sachen auffallen, die nicht okay sind? Was, wenn ich einen Fehler gemacht habe? Bitte ich als Christ um Vergebung, oder nicht?

Das Bekennen der Sünde ist nicht dazu gedacht, immer neue Portionen an Vergebung und Reinigung zu erhalten, bis man irgendwann vor Gott komplett rein dasteht. In Jakobus 5,16 steht, dass es gesund ist, wenn wir einander unsere Sünden bekennen und füreinander beten. Damit Gott uns vergibt? Nein, das hat er doch schon! Aber wir teilen unsere Kämpfe mit Freunden, denen wir vertrauen, damit sie für uns beten und uns mit den Wahrheiten der Vergebung und unserer neuen Identität Mut machen können. Wenn sie uns helfen, unsere Gedanken mit Wahrheit zu füllen, gibt es Hoffnung auf Veränderung. Da wir unser Leben nicht als christliche Einzelkämpfer verbringen sollen und Gott uns vergeben und angenommen hat, warum sollten wir uns also nicht für Menschen öffnen, denen wir vertrauen, und ihre Gebetsunterstützung und ihren Rat suchen?

Gott war nicht naiv, als er uns den Neuen Bund gab. Jeder Aspekt des Neuen Bundes soll uns dazu befähigen, als die neue Schöpfung zu leben, die wir bereits in ihm sind. Wenn es also um Vergebung geht, dann sollten wir den Geist der Gnade nicht kränken. Gott weiß genau, wie er uns dazu motivieren kann, von ganzem Herzen in Integrität zu leben. Die totale und bedingungslose Vergebung hindert ein Leben in Integrität keineswegs. Vielmehr scheint das Gegenteil der Fall zu sein:

2. Petrus 1,9

Doch wer das alles nicht hat, der ist so kurzsichtig, dass er wie ein Blinder im Dunkeln umhertappt. Ein solcher Mensch hat vergessen, dass er vom Schmutz seiner früheren Sünden gereinigt wurde.

Jakobus 1,23-24

Denn wer sich Gottes Botschaft zwar anhört, aber nicht danach handelt, gleicht jemand, der sein Gesicht im Spiegel betrachtet und der, nachdem er sich betrachtet hat, weggeht und sofort wieder vergisst, wie er ausgesehen hat.

Das Gesetz ist wie ein Spiegel, in dem wir uns selbst sehen, sodass wir lediglich zu unserem besten „Ich" verwandelt werden können. Gnade hingegen hält uns Jesus vor's Gesicht! Gnade möchte, dass wir Jesus anschauen und dadurch in sein Bild verwandelt werden. Wenn wir uns an unseren völlig gereinigten Zustand vor Gott erinnern, dann kehren gute Eigenschaften wie Freundlichkeit und Liebe in unser Leben ein. Wenn uns diese Eigenschaften fehlen und wir keine Täter des Wortes sind, dann liegt das daran, dass wir einfach nur vergessen haben, wer wir sind. Wir haben vergessen, dass wir eine neue Identität haben: uns ist vergeben und wir sind Heilige.

Diese Vergebung, die ein für alle Mal erfolgt ist, bedeutet, dass wir unsere Augen auf Jesus richten können und nicht mehr auf uns selbst schauen müssen. Eigentlich besteht das ganze Evangelium in der Vergebung, der Freiheit vom Gesetz, der Annahme in der Gemeinschaft mit Christus und der Befähigung, wie Christus zu leben! Das wahre Evangelium hält uns davon ab, uns nur auf uns selbst zu konzentrieren. Wir müssen uns nicht prüfen oder analysieren und auch nicht versuchen, uns rein oder gerecht zu machen. Es ist vollbracht! Unsere Aufgabe ist jetzt, in seinem vollbrachten Werk, das nicht wiederholt werden muss, zu bleiben und zur Ruhe zu kommen.

Jesus ist für unsere Sünde ein für alle Mal gestorben. Er stirbt oben im Himmel nicht ständig auf's Neue, sobald wir etwas falsch machen. Aber vor 2000 Jahren war das eine große Sache, die von den Aposteln sehr betont wurde. Im Hebräerbrief wird es so ausgedrückt:

Hebräer 9,25-26

Der levitische Hohepriester betritt das Heiligtum viele Male im Lauf seines Lebens – Jahr für Jahr von neuem –, und immer mit dem Blut eines Tieres, nicht mit seinem eigenen Blut. Christus hingegen brachte sich selbst als Opfer dar, und er brauchte das nur ein einziges Mal zu tun. Andernfalls hätte er ja seit der Erschaffung der Welt schon viele Male leiden und sterben müssen. Tatsache jedoch ist, dass er nur einmal in die Welt kam – jetzt, am Ende der Zeiten –, um uns durch das Opfer seines eigenen Leibes von der Sünde zu befreien.

Hebräer 7, 27

Im Gegensatz zu den levitischen Hohenpriestern muss er nicht Tag für Tag Opfer darbringen und muss auch nicht mit einem Opfer für eigene Sünden beginnen, ehe er für die Sünden des Volkes opfern kann. Nein, Jesus hat nur ein einziges Mal ein Opfer dargebracht, nämlich sich selbst, und dieses Opfer gilt für immer.

Es ist wichtig, dass auch wir verstehen, was die Juden zu jener Zeit so gut verstanden hatten. Wenn Blut das einzige ist, das Vergebung bringen kann, und wenn Jesus nur einmal starb und nie wieder sterben wird, dann werde ich zu keinem anderen Zeitpunkt jemals „mehr“ Vergebung haben als jetzt! Viele Christen benutzen ein anderes Wirtschaftssystem für ihre Sünden. Sie sagen, sie würden nur dann gereinigt, wenn sie ihre Sünden bekennen. Doch die einfache Wahrheit ist, dass Gott uns ein für alle Mal vergeben und gereinigt hat. Du bist rein!!

Nun, lass es mich mal direkt sagen: Ich tue es dennoch! Es passiert sogar sehr schnell, wenn ich es bemerke. Doch die Motivation dahinter ist entscheidend: Ich tue es nicht, damit ich Vergebung bekomme! Ich tue es, um eine bestmögliche Beziehung mit meinem himmlischen Vater zu haben. Für mich geht es also weniger um einen theologischen Aspekt, als vielmehr um einen Kommunikationsaspekt. Zu einer gesunden und guten Kommunikation gehört die Verantwortung für die erkannten Fehler und das Richtigstellen gegenüber den Personen, die involviert sind.

Denken wir einfach mal an eine Ehebeziehung. Wenn ich mich meiner Frau gegenüber falsch verhalten habe (in unserer knapp neunjährigen Ehe... ;) und es bemerke, gehe ich zu ihr und bitte sie um Verzeihung. Ich sage: „Es tut mir Leid, dass ich mich so benommen habe, bitte vergib mir." Nun, meine Frau, eine Frau Gottes, sagt vielleicht: „Schatz, natürlich vergebe ich dir und habe es auch schon lange getan!" Sie hat mir also schon vergeben. Trotzdem bitte ich sie darum. Warum? Weil es die Intimität und Gemeinschaft fördert.

Gerade was die Ehe betrifft, lernt man in der Regel, dass man seinem Partner nicht erst vergibt, wenn dieser sein Fehlverhalten bemerkt. Das kommt aus dem Wissen, dass die Person, die in Unvergebenheit lebt, nur sich selbst schadet (auf das noch oben drauf, weswegen man nicht vergeben will). Warum glauben wir nun, dass Gott sich uns gegenüber anders verhält? Warum denken wir, dass er da oben in Unvergebenheit und bitterem Herzen sitzt und darauf wartet, dass wir es checken, bevor er uns vergibt? Er, der uns auffordert, zu vergeben, wie er es tut, der voller Liebe und Geduld ist, der Zornesausbrüche als Werke des Fleisches benennt, der jede Wurzel der Bitterkeit aus uns heraus haben will... Merkwürdiger Gedanke.

(Ich will hier nicht näher auf das Thema Vergebung untereinander eingehen, da es natürlich noch Dinge wie „Vertrauen wiederherstellen", „geistgeleitete Grenzen setzen" und mehr beinhaltet, was nicht das Hauptthema dieses Buches ist.)

Vergeben, Punkt.

So, da stehen wir. Das Opfer Jesu brachte uns ein für alle Mal Vergebung und Reinigung (Hebräer 9,26-27; 10,1-3;1. Petrus 3,18). Jesus deckte die Sünde nicht nur zu; er nahm sie für immer weg (Johannes 1,29; Hebräer 10,11-13; 1. Johannes 3,5). Jesu einmaliges Blutopfer machte uns für immer vollkommen rein (Hebräer 10,14). Gottes Vergebung für unsere Sünden wird als abgeschlossene Handlung verkündet, was man an der Vergangenheitsform erkennt (Epheser 4,32; Kolosser 2,13-14; Hebräer 10,17-18;1. Johannes 2,12) sowie daran, dass Gott nicht mehr an unsere Sünden denkt (Hebräer 10,17). Er wird zwar wiederkommen, aber nicht mehr wegen unseren Sünden (Hebräer 9,28). Was wir über Vergebung glauben, können **wir entweder auf einen Vers**, der völlig aus dem Zusammenhang gerissen ist (1. Johannes 1,9), gründen oder auf Dutzende ähnlicher Stellen, die verkünden, dass Jesus unsere Sünden ein für alle Mal wegnahm, dass wir durch ihn vor Gott vollkommene Vergebung haben und vollständig gereinigt sind. Wir haben die Wahl. Die eine Möglichkeit führt zu intellektuellen Verrenkungen und dem Gefühl, dass wir mit Gott nie ganz im Reinen sind, die andere Möglichkeit zu einem Ort geistlicher Ruhe, an dem wir jeden Tag aufwachen und Gott für das vollbrachte Werk Jesu danken. Gott hat mir alle meine Schuld vergeben. Die Vergebung in Christus kann ich stets glaubensvoll empfangen. Ich darf auch gerne sagen: „Es tut mir Leid und bitte vergib mir!" Oder, wem es besser gefällt: „Es tut mir Leid und ich empfange deine Vergebung, Vater!" Es kann sogar sein, dass die Erkenntnis deiner Fehler dich zum Weinen bringt und du unter Tränen rufst: „BITTE VERGIB MIR!!!!" Das ist eine super Sache! Das ist kein Unglaube! Es ist eine Erkenntnis des eigenen Versagens im Licht seiner Wahrheit. Das ist im Grunde super heilsam, besonders wenn man ohne Gott gelebt und gemeint hat, man brauche ihn nicht, dann aber seinen ekligen und hochmütigen Stolz erkennt und sich nach der wiederhergestellten Beziehung mit Gott sehnt! Doch eins sollst du wissen: DIR IST VERGEBEN! Empfange es. Nimm es. Sag „Danke"! Freue dich! Dir wird nicht mehr vergeben, weil du häufig danach rufst. Es ist vollbracht!

Dein Herz sollte folgendes felsenfest wissen: Dein Vater sitzt dir nicht grollend gegenüber, voller Unvergebenheit und Bitterkeit, und wartet darauf, dass du es endlich checkst. Er hat für dich bezahlt! Dir ist vergeben. Und das ein für alle Mal! Wirf dich glaubensvoll auf diese Wahrheit in Christus, umarme sie, empfange sie voller Dankbarkeit, trinke seine Liebe und Gnade, verlass dich allein auf Christus und sein Werk am Kreuz! Punkt.

„Zeugnis

Im Warteraum eines Arztes saß ich einer Frau gegenüber, die einen Gips an der Hand trug. Es juckte mich in meinen Gedanken und ich wartete auf eine Gelegenheit, für sie zu beten. Die Frau sah mich immer wieder an und ich wusste, ich würde für sie beten. Beim gefühlten zehnten Mal, als unsere Augen sich trafen, stand sie auf und setzte sich neben mich. Ich dachte innerlich: „Ich hoffe, sie fragt mich nicht, ob ich Single bin." Aber sie begann nur, ihren Gips und Verband zu lösen, schaute mich an und meinte: „Sie glauben nicht, was gerade passiert ist!" „Nein", entgegnete ich, „ich wollte eigentlich für Sie beten ..." Sie sagte: „Das brauchen Sie nicht mehr", und bewegte dabei ihren gebrochenen Finger ganz normal, als sei nichts geschehen. Ihr Finger war immer noch mit dem roten Desinfektionsmittel gefärbt, das man ihr im Krankenhaus aufgetragen hatte. Sie traute ihren Augen nicht und ich meinen auch nicht. Dann sagte sie: „Als Sie in den Raum kamen, fing mein Finger schrecklich an zu jucken, dass ich ihn bewegen musste, und dann merkte ich, dass ich meinen gerade erst gebrochenen, in Gips eingepackten Finger wieder ganz normal und ohne Schmerzen bewegen kann." Wow! Gott sei die Ehre. Die Gegenwart Gottes auf unserem Leben macht den Unterschied. Manchmal müssen wir nicht einmal beten, sondern Menschen werden von der Kraft geheilt, die uns überschattet. Siehe Petrus' Schatten in Apostelgeschichte

5,15: Ein Schatten hat keine Heilungssubstanz und doch heilte er Menschen. Wir werden immer das weitergeben, was uns überschattet! Probier es aus - Gott ist gut. Was er für den einen tun kann, kann er auch für den anderen tun. Bei ihm gibt es kein Ansehen der Person (Römer 2,11)

” Heilig

Heiligkeit ist kein Prozess, sondern Teil meiner göttlichen Natur!

Schluss mit dem Prozess

Auf dem Marktplatz Menschen kostenlose Getränke anzubieten, ist amüsant und eine nette Geste. Jeder nimmt gerne einen Becher Wasser entgegen. Wenn man jetzt einen Tropfen Motoröl in das Wasser gießen würde, würde sich die Nachfrage nach dem kostenlosen Wasser drastisch ändern. Nachvollziehbar, oder nicht? Keiner von uns würde gerne einen Becher Wasser mit nur einem Tropfen Motoröl trinken wollen, denn das Wasser wäre nicht mehr sauber, sondern unrein, und somit ungenießbar. Ein kleiner Tropfen macht aus etwas Reinem etwas Unreines! Wusstest du, dass es so etwas wie 98% Reinheit nicht gibt? Bei deinem Ehepartner möchtest du ja auch nicht, dass er dir 364Tage im Jahr treu ist und nur eine Nacht bei jemand anderem verbringt. Entweder du bist treu, oder eben nicht.

Meinst du, dass Jesus in dir Sünden übersehen hat, wenn er sagt, du bist „heilig"? Nein. Entweder du bist rein oder unrein. Wenn man Leute nach ihrer Meinung über Heiligung fragt und in welchem Maß sie in ihrem Leben stattgefunden hat, sind die meisten zumindest vage und unklar. Dies ist so, weil viele mit diesem Sachverhalt nur schwer umgehen können. Der Grund dafür ist, dass ein Großteil unserer Lehre erklärt, dass Heiligung Teil unseres christlichen Prozesses ist. Dabei versteht man unter Heiligung, das „alte Ich" täglich zu töten - obwohl der alte Mensch schon tot ist (vgl. Römer 6). Es gibt keinen Prozess, oder bei wie viel Prozent auf deiner Heiligkeits- Skala bist du schon angekommen?! Wenn deine Heiligung ein Prozess wäre, würde er nie enden. Natürlich mag jetzt jemand sagen: Aber Steve, eines Tages, wenn ich sterbe und bei Gott im Himmel bin, werde ich heilig sein. Wow, okay, du machst also den Tod zu deinem Retter. Der Tod, der „der Lohn der Sünde ist" (vgl. Römer 6,23), soll dich von deiner Sünde reinigen? Es ist Jesu Blut allein, das dich von aller Ungerechtigkeit reinigt. Genau so glauben wir, dass wir in den Himmel kommen, wenn wir sterben. Autsch! Du hast den Himmel betreten, als Jesus starb und du JA zu seinem Erlösungswerk sagtest. Sein Tod war der Zugang zum Himmel. Als du mit ihm am Kreuz starbst (vgl. Galater. 2,19+20), wurdest du mit ihm an himmlische Orte versetzt (vgl. Epheser 2,6).

Der Schreiber des Hebräerbriefes drückt sich klar aus, wenn er sagt:

> *Denn mit einem Opfer hat er die, die geheiligt werden, für immer vollkommen gemacht.*
> (Hebräer. 10,14 ELB)

An anderer Stelle im Neuen Testament werden wir aufgefordert, für unser Essen Dank zu sagen, damit es geheiligt wird.

Denn jedes Geschöpf Gottes ist gut und nichts verwerflich, wenn es mit Danksagung genommen wird; denn es wird geheiligt durch Gottes Wort und durch Gebet (1 Tim. 4, 4-5).

Es erfordert nur eine Danksagung, um deinen Cheeseburger oder deine Spätzle zu heiligen, anstatt eines langen Prozesses, bei dem das Essen kalt werden würde. Viele Christen haben ihre Liebe verloren und wurden „kalt“, weil sie in diesem Hamsterrad der „Selbstheiligung“ ausbrannten. Ein Apfelbaum kann nicht anders als zu seiner gegebenen Zeit Äpfel zu produzieren. Selbst wenn die Apfelernte einmal schlecht ausfällt oder überhaupt nichts am Apfelbaum hängt, wäre dann der Apfelbaum dadurch weniger Apfelbaum? Nein. Er ist und bleibt ein Apfelbaum. Ob die Früchte klein oder groß sind, frisch oder schon verfault, es ändert nichts an der Natur des Baumes. Er ist und bleibt ein Apfelbaum. In der Bibel werden wir Gläubige einige Male als Bäume der Gerechtigkeit bezeichnet! Mach dir also um die Frucht deines Lebens keine Sorgen bzw. lass nicht zu, dass deine Frucht deine Identität bestimmt. Denn wenn deine Frucht auch klein ist, ändert es doch nichts an deiner gerechten Natur. Deine Frucht kommt nicht aus Anstrengung, sondern aus deinem Stand. Ich habe noch nie erlebt, wie ein Baum auf einer Wiese steht und „presst“, damit Frucht kommt. Er ist, der er ist. Er ist sich seiner Identität bewusst und bringt aufgrund dessen Frucht zu seiner Zeit!

Wir sind uns doch einig, dass Gott uns die nötigen Fähigkeiten schenkt, wenn er uns einen Auftrag gibt.

„Seid heilig, denn ich bin heilig“ (1. Petrus 1, 15–16)

Das sagt Gott allen seinen Kindern. Gott ist heilig. Deswegen will er auch, dass wir, seine Söhne und Töchter, heilig sind.

Was heißt das, „heilig“ zu sein? „Heilig“ bedeutet nicht, sich über einen bestimmten Zeitraum zu reinigen und säubern. Das Wort **„hagiazo“**[8] bedeutet: „sich aussondern/ sich für Gott aussondern“. Mit anderen Worten: „Total besonders, absolut außergewöhnlich, hat nichts mit Profanem / Irdischem zu tun. Ausgesondert für Gott“.

1. Korinther 1,30 (ELB)

Aus ihm aber kommt es, dass ihr in Christus Jesus ***seid****, der uns geworden ist* ***Weisheit*** *von Gott und* ***Gerechtigkeit*** *und* ***Heiligkeit*** *und* ***Erlösung.***

Wow! So sollen wir sein? Du und ich? Ganz normale Menschen? Aus Fleisch und Blut?

Genau! Jesus ist unsere Heiligung. Jesu Werk am Kreuz hat dich als neue Schöpfung „für Gott ausgesondert“. **Jede Lehre, die versucht, deine Aufmerksamkeit weg von Jesus und hin zu deinen Bemühungen zu lenken, ist nicht das Evangelium.**

Hast du schon einmal versucht, „vollkommen“ zu sein? Gott fordert uns im Matthäus-Evangelium, Kapitel 5 auf, vollkommen zu sein, wie er vollkommen ist. Aus eigener Kraft ist das unmöglich! Nur Jesus kann uns vollkommen machen.

Die Bibel sagt:

---

8 James Strong, Exhaustive Concordance of Bible (Nashville: Abingdon, 1890), Entry 37

Hebräer 10,10

*Und weil Jesus Christus den Willen Gottes erfüllt und seinen eigenen Leib als Opfer dargebracht hat, **sind wir jetzt ein für alle Mal geheiligt.***

Jesus ist es, der uns heilig gemacht hat. Wir sind seiner Heiligkeit teilhaftig geworden! Die Heiligung bzw. das Geheiligt-werden ist bereits geschehen. Das wird nicht erst später eintreten, sondern ist bereits Fakt - deine neue Natur. Gott hat etwas getan, das, wenn wir es richtig verstehen, uns die Fähigkeit verleiht, auch so zu leben. Was immer es auch kostet, dass wir heilig sind bzw. geheiligt werden, Jesus hat den Preis durch das Opfer seines Lebens bereits bezahlt. Es war nicht billig, es kostete ihn alles. Und er hat nicht einfach nur bezahlt, sondern er hat ein für alle Mal bezahlt! Also für immer und ewig. Heiligung in meinem Leben kommt nicht von meiner Anstrengung. Es entspringt der Gabe an mich und der Frucht, die sie in mir bewirkt. **Meine Heiligung wurde also durch das Erlösungswerk bewirkt.** Meine Taten müssen nun von dieser Natur in mir zeugen. Gott trägt keine rote Brille (rot = Blut Jesu), damit wir durch diese Brille heilig und gerecht vor ihm erscheinen. Denn würde er einmal vergessen, sie aufzusetzen, wäre das unser Todesurteil, da in seiner Gegenwart nichts Unreines Bestand hat. Durch das vollbrachte Werk Jesu wurde unsere Natur verändert. Wir sind jetzt nicht mehr Sünder sondern Heilige! Gottes Tempel. Seine Gegenwart ist heilig, nichts Unreines überlebt darin. Die Priester im Alten Bund mussten sich reinigen und strengen Ritualen unterziehen, bevor sie einmal im Jahr das Allerheiligste betreten konnten. Sie hatten Angst zu sterben. Nur Heiliges kann in Gottes Gegenwart überleben! Gott kann nur in

Heiligkeit wohnen. Er lebt in dir. Was bedeutet das? Du bist heilig! Gott setzt die Brille nicht auf und wieder ab, je nachdem, wie wir uns verhalten. Das Blut Jesu hat uns ein für alle Mal gereinigt, frei gemacht und gerecht gesprochen!

Er ruft uns mit einem heiligen Ruf und macht uns zu einem heiligen Priestertum (1. Petrus 2). Jesus stellte uns einen heiligen Lebensstil vor. In diesem Bewusstsein, nämlich dass wir Heilige sind, sowie anhand des Beispiels Jesu lassen wir es zu, von innen heraus durch den Heiligen Geist verändert zu werden, um in unserer neuen Natur als Heilige zu wandeln. Sonst hätte der Heilige Geist keinen Anlass gehabt, die vielen Stellen im Neuen Testament zu inspirieren, in denen es um Korrektur und Veränderungen geht, die im Leben der Gläubigen erfolgen müssen. Statt sich an das Wort Gottes zu halten und beide Aspekte des Themas zu berücksichtigen, haben einige ihre fehlerhafte menschliche Vernunft genutzt, Gottes Gnade grob zu verzerren.

Manche haben sogar einen ausgesprochen fleischlichen oder weltlichen Lebensstil übernommen und verteidigen solche lockeren Verhaltensweisen noch damit, dass wir ja „unter Gnade“ seien. Dabei denken sie, das sei in Gottes Augen völlig in Ordnung. Paulus, der auch der Apostel der Gnade genannt wird, war sich bewusst, dass aus seinen Lehren fälschlicherweise solche Schlüsse gezogen werden könnten. Darum gab er sich große Mühe, derartige Verdrehungen anzusprechen und richtigzustellen.

Römer 5,20-21

Und das Gesetz? Es kam erst nachträglich hinzu. Seine Aufgabe war es, die ganze Tragweite der Verfehlung deutlich werden zu lassen. Und gerade dort, wo sich die Sünde in vollem Maß auswirkte, ist die

Gnade noch unendlich viel mächtiger geworden. Denn genauso, wie die Sünde geherrscht und den Menschen den Tod gebracht hat, soll die Gnade herrschen, indem sie Zugang zu Gottes Gerechtigkeit verschafft und zum ewigen Leben führt durch Jesus Christus, unseren Herrn.

Das ist eine wunderbare Wahrheit! Aber Paulus wusste, wie manche Menschen denken. Es gibt da immer einige, die nach Schlupflöchern suchen, damit sie tun können, was sie wollen, ohne sich deshalb schuldig zu fühlen oder negative Konsequenzen zu fürchten. Sie lesen nur: da wo das Ausmaß der Sünde unter den Menschen immer größer wurde, ist Gottes wunderbare Gnade noch grenzenloser geworden. Daraus schließen sie: „Wenn mehr Sünde zu mehr Gnade führt, dann sollten wir mehr sündigen. Dann bekommen wir auch mehr von Gottes Gnade." Doch in den folgenden beiden Versen schlägt Paulus einem solchen Denken die Türe vor der Nase zu.

Römer 6,1-2

Welchen Schluss ziehen wir nun daraus? Sollen wir weiterhin sündigen, damit sich die Gnade in vollem Maß auswirkt? Niemals! Wir sind doch, was die Sünde betrifft, gestorben. Wie können wir da noch länger mit der Sünde leben?

Wenn du durch Gottes rettende Gnade in Christus bist, dann ist deine vernünftige Reaktion darauf, seiner heiligenden Gnade entsprechend zu leben, also wie ER zu denken, zu sprechen und zu handeln. Wir als Gemeinde (Fearless Church Germany) haben ein Motto, welches lautet: Live, Love & Look like Jesus! (zu deutsch: Lebe, Liebe & Sehe aus wie Jesus)

Sei also das, wozu du in erster Linie von Gott berufen bist: heilig! Total besonders! Und lass es ihn in dir wirken, indem du ihm glaubst und ihm jeden Tag neu in allen Bereichen deines Lebens Raum gibst.

Dein Stand

Stell dir vor, ein Kind wird in eine königliche Familie hineingeboren und ist der direkte Thronerbe. Vom Moment seiner Geburt an ist dieses Kind rechtlich gesehen nun eingeschränkter Anwärter auf den Thron, doch in seiner Erfahrungswelt zeigt es noch nicht besonders viele königliche Eigenschaften! Es schreit häufig, macht in die Windeln und spuckt in regelmäßigen Abständen. Während es wächst und reifer wird, erziehen seine Eltern es so, dass es in Auftreten und Benehmen zu dem wird, was es von seinem Erbe her schon lange ist. Seit du an den Herrn Jesus Christus glaubst, bist du ein Kind Gottes. Auch wenn du gestern erst von neuem geboren wurdest und noch keine Gelegenheit hattest, zu reifen, göttliche Charakterzüge zu entwickeln oder dein vorbildliches christliches Verhalten unter Beweis zu stellen, bist du dennoch sein Kind. Deine Natur wurde durch deine Entscheidung verändert, Jesus nachzufolgen (2. Korinther 5, 17)! **Eine Natur wird nicht durch Werke verändert.** Eine Maus kann sich Katzenlaute antrainieren (Miau..), doch das macht aus ihr noch lange keine Katze. Genauso wenig machen deine guten Taten aus dir einen wiedergeborenen Christen und deine Zielverfehlung (Sünde) aus dir einen Sünder. Du bist Sünder, wenn du aus Adam geboren wurdest, und deshalb sündigst du. Du bist heilig, wenn du von neuem geboren wurdest und deine Natur zu deinem Handeln wird. Während du in deinem Leben mit Gott wächst und reifst, wirst du ebenfalls in Auftreten und Benehmen zu dem, was du von deinem Erbe her schon lange bist. So wie ein Kind, das einem König geboren wird, ein Thronerbe ist und viele Rechte und Privilegien hat, so kann auch jedes Kind Gottes voller Freude erklären: „Weil ich in Christus bin, bin ich..."

- gerecht gesprochen, (Römer 5,1)
- der Sünde gestorben, (Römer 6,11)
- lebendig in Gott, (Römer 6,11)
- frei von Verdammnis, (Römer 8,1)
- Erbe Gottes und Miterbe von Jesus Christus, (Römer 8,17)
- mehr als ein Überwinder, (Römer 8,37)
- nicht zu trennen von der Liebe Gottes, (Römer 8,39)
- mit dem Herrn verbunden, ein Geist mit ihm, (1. Kor 6,17)
- der Tempel des Heiligen Geistes, (1. Kor 6,19)
- mit einem Preis erkauft, (1. Kor 6,20)
- allezeit triumphierend in Christus, (2. Kor 2,14)
- mit Gott versöhnt, (2. Kor 5,18)
- frei vom Fluch des Gesetzes, (Galater 3,13)
- die Gerechtigkeit Gottes in Christus, (2. Kor 5,21)
- ein Sohn Gottes, (Galater 3,26)
- ein Heiliger, (Eph 1,1)
- frei, (Galater 5,1)
- gesegnet mit jedem geistlichen Segen, (Eph 1,3)

- erwählt, (Eph 1,4)
- angenommen in dem Geliebten, (Eph 1,6)
- u.v.m.

Wenn wir diese Wahrheiten voller Freude und freimütig bekennen, erneuern wir unseren Verstand entsprechend unserer neuen Identität in Christus. Früher dachte ich immer, es wäre schlimm, eine Gehirnwäsche zu bekommen, doch heute sehe ich das anders. Es ist doch gut, „sauber zu denken", oder nicht? Bei allen anderen Körperteilen ist es nicht schlimm, wenn sie gewaschen werden, warum sollte es dann bei unserem Denken so sein? Also ich denke lieber sauber als dreckig! Wir sind nicht stolz auf uns selbst, sondern geben Gott die Ehre für sein Werk, das er durch seine Gnade in unserem Leben gewirkt hat. Wenn diese Wahrheiten in unserem Herzen verankert sind und unser Denken prägen, macht uns das fähig, den Versuchungen und dem Druck dieser Welt zu widerstehen. Das richtige Bewusstsein unserer Identität hilft uns, die richtigen Entscheidungen zu treffen, und schließlich findet das, was du rein rechtlich schon bist, auch umfassenden Ausdruck in deiner Art zu leben. Du hast aber auch einen Feind, der versucht, die heiligende Gnade in deinem Leben zu behindern. Satan ist der Verkläger der Brüder (Offenbarung 12,12), und er will nicht, dass du erkennst, wer du in Christus bist. Er wird immer versuchen, dich dazu zu bringen, weiterhin zu glauben, dass deine Identität von deinen Sünden und Fehlern in der Vergangenheit geprägt ist. Wenn er das schafft, kann er dich auch weiterhin beherrschen und unterdrücken. Wenn du aber erkennst, wer du nach Gottes Wort bist, und in diesem Licht dein Leben lebst, wirst du anfangen, als der Mensch aus königlichem Hause zu herrschen, als der du geboren wurdest. Ein anderer Feind, den du durch Gottes heiligende Gnade besiegen kannst, sind die negativen Gedankenmuster und alten Gewohnheiten, die deinem Fleisch immer noch anhängen, nachdem du von neuem geboren wurdest. Petrus gibt uns einen Rat, wie man mit diesen Dingen fertig werden kann:

1. Petrus 2, 1-3

Darum legt alle Bosheit und allen Betrug ab, alle Heuchelei, allen Neid und alle Verleumdung! Genauso, wie ein neugeborenes Kind auf Muttermilch begierig ist, sollt ihr auf Gottes Wort begierig sein, auf diese unverfälschte Milch, durch die ihr heranwachst, bis das Ziel, eure endgültige Rettung, erreicht ist. Ihr habt von dieser Milch ja schon getrunken und habt erlebt, wie gütig der Herr ist.

Gottes Gnade bewirkte, dass wir zu Gott kamen (rettende Gnade), und nun bewirkt Gnade, dass wir mit Gott leben. Gott hatte Gnade, um uns in seine Familie aufzunehmen, und er hat auch Gnade für unseren weiteren Weg mit ihm. Einen Aspekt von Gottes Gnade, der uns in unserem täglichen Leben mit ihm hilft, nennen wir heiligende Gnade!

Gott hat die legalen Errungenschaften Jesu genommen und sie jedem Gläubigen gegeben.

Der völlige Gehorsam, die Gerechtigkeit, Heiligkeit und Vollkommenheit von Jesus sind jedem Gläubigen gegeben worden, ein für alle Mal. Dieses Geschenk, diese gute Nachricht unterscheidet mich von allem und jedem, so wie eine Erbschaft von einer Million Euro meine Armut in Reichtum verwandelt.

Das Werk Jesu verändert auch meinen Stand. Es sondert mich ab und heiligt mich von Sünde, Einsamkeit, Niederlage, Ignoranz, Schwachheit, Selbstsucht, Fleischlichkeit und Armut. Gott ist das Gegenteil all dieser Dinge und so auch ich. Aufgrund seiner großen Gabe oder des Erbes, das Gott mir gegeben hat. Die einzige Bedingung dafür ist, dass ich Buße (Umkehren vom falschen Weg zurück zu Jesus) tue und an Jesus Christus glaube. Jesus hat all seine Feinde besiegt, sogar den Tod. Er übergibt seinen legalen Sieg all jenen, die glauben. In Wahrheit bin ich bereits durch das legale Werk und Jesus Christus geheiligt bzw. heilig.

1. Thessalonicher 5,23

Gott selbst, der Gott des Friedens, helfe euch, ein durch und durch geheiligtes Leben zu führen. Er bewahre euer ganzes Wesen – Geist, Seele und Leib –, damit, wenn Jesus Christus, unser Herr, wiederkommt, nichts an euch ist, was Tadel verdient.

„Von Sünde reinigen“ bedeutet „heiligen“. In der griechischen Sprache sind die Begriffe „von Sünde reinigen“, „Heiliger“ und „heilig“ alle miteinander verwandt. Paulus verwendet das Wort „Heilige“ für alle Gläubigen, was bedeutet, dass sie zu Gott gehören oder für Gott ausgesondert sind.

Denk noch einmal an das Baby, das als Thronerbe geboren wird. Dieses Baby ist bereits vollständig. Es hat zehn Finger und zehn Zehen. Es hat Augen, Ohren, eine Nase und einen Mund, dennoch muss es erst noch zum reifen Erwachsenen heranwachsen. So ist auch ein Kind Gottes vollständig in Christus (Kolosser 2,10), doch damit ist es nicht der Notwendigkeit enthoben, an Reife und Verständnis zuzunehmen. Paulus vermittelte das auch den Korinthern. Rechtlich gesehen, so sagte er, waren sie bereits Geheiligte in Christus Jesus und berufene Heilige (1. Korinther 1,2), in ihm in allem reich gemacht (1. Korinther 1,5) und in Christus Jesus, der uns von Gott gemacht worden ist zur Weisheit, zur Gerechtigkeit, zur Heiligung und zur Erlösung (1. Korinther 1,30). „In Christus" klingt ziemlich gut, nicht wahr? Das waren sie und das gehörte ihnen. Dennoch konnten diese rechtlichen Gegebenheiten nicht darüber hinwegtäuschen, dass es in ihrem Leben Haltungen und Verhaltensweisen gab, die radikal verändert werden mussten. In 1. Korinther 3,13 nannte Paulus dieselben Gläubigen Unmündige in Christus und sagte, sie seien noch fleischlich. Denn solange noch Eifersucht und Streit und Zwietracht unter ihnen wäre, seien sie da nicht fleischlich und wandelten nach Menschenweise? Einige von ihnen nannte er sogar aufgebläht (1. Korinther 4,18), was soviel bedeutet wie voller Stolz.

Jede Münze hat zwei Seiten und so gibt es auch zwei Seiten in deinem Leben mit Christus. Da ist zum einen deine Identität, wer du bist, und zum anderen dein Lebenswandel, einerseits dein Status und andererseits dein Verhalten. Die heiligende Gnade transportiert die Wahrheit deines Status in Christus in dein nach außen sichtbares Verhalten. Bei der Gnade geht es in allererster Linie darum, was Gott getan hat, aber es geht auch darum, wozu Gott dich befähigt. Gnade ist die Befähigung, das zu tun, was dir bisher unmöglich war. **Was du tust, beruht auf dem, was er getan hat!** Paulus kam in seinen Schriften immer wieder auf dieses „getan und tun" zurück. So sind zum Beispiel die ersten drei Kapitel im Epheserbrief sehr stark von Wahrheiten über unseren Status geprägt, also über das, was Gott getan hat, während die darauf folgenden Kapitel

(Epheser 4-6) davon handeln, wie wir darauf reagieren und uns im praktischen Leben verhalten sollen, also vom „Tun".

Paulus war ein verantwortungsvoller Diener der Wahrheit. Er lehrte beide Seiten der Medaille: Zunächst legte er das Fundament mit dem, wer wir sind und was wir in Christus haben, um anschließend zu beschreiben, wie das für die Menschen um uns herum aussehen sollte. Paulus beleuchtete beide Aspekte des Themas: Identität und Praxis, Status und Anwendungen oder Glaube und Verhalten.

Biblische Wahrheit vs menschliche Vernunft

Manch einer mag denken, dass Gott uns, sobald wir in eine Beziehung mit ihm eingetreten sind, nur noch als vollkommen in Christus sieht. Obwohl es stimmt, dass Gott uns mit den Augen der Lösung sieht, also vollkommen und rein, heißt das nicht, dass er nun an unserem Verhalten nicht mehr interessiert oder dafür blind sei.

Paulus nahm seine Verantwortung als geistlicher Leiter sehr ernst und darum verteidigte er die Wahrheit der Gnade gegen beide möglichen Irrtümer: Gesetzlichkeit bzw. Leben nach dem Gesetz und Freizügigkeit bzw. Leben nach unseren fleischlichen Begierden. Paulus legte sehr viel Wert darauf, seine Lehre gegen falsche Darstellungen zu verteidigen.

Römer 3,8

Und überhaupt – warum nicht noch einen Schritt weiter gehen und sagen: »Tun wir doch Böses, damit Gutes dabei herauskommt!«? Einige, die schlecht über uns reden, behaupten ja sogar, das sei es, was wir lehren. Die, die uns so etwas unterstellen, trifft Gottes Gericht mit vollem Recht.

Offenbar waren Fehlinterpretationen und Verdrehungen von Paulus' Lehre über die Gnade weit verbreitet. Sogar der Apostel Petrus sah sich veranlasst, dieses Thema anzusprechen.

2. Petrus 3,14-18

Weil ihr also auf diese Dinge wartet, liebe Freunde, setzt alles daran, euch vor dem Herrn als untadelig und ohne Makel zu erweisen, als Menschen, die Frieden mit ihm haben. Begreift doch: Die Geduld, die unser Herr mit uns hat, bedeutet unsere Rettung. So hat es euch ja auch unser lieber Bruder Paulus mit der ihm geschenkten Weisheit geschrieben, und dasselbe sagt er in allen Briefen, wenn er über diese Dinge spricht. Einiges in seinen Briefen ist allerdings schwer zu verstehen, was dazu führt, dass die Unbelehrbaren und Ungefestigten es verdrehen. Aber das tun sie auch mit den übrigen Heiligen Schriften, und sie tun es zu ihrem eigenen Verderben. Ihr, liebe Freunde, wisst nun schon im Voraus Bescheid. Darum seid auf der Hut und lasst euch nicht von den irrigen Ansichten jener gewissenlosen Leute mitreißen; gebt Acht, dass ihr nicht euren festen Stand verliert und zu Fall kommt! Lasst stattdessen euer Leben immer mehr von der Gnade bestimmen und lernt Jesus Christus, unseren Herrn und Retter, immer besser kennen. Ihm gebührt die Ehre – jetzt, in dieser Zeit, und dann am großen Tag der Ewigkeit. Amen.

Petrus war sich bewusst, dass einige unwissende und unsichere Menschen die Lehren von Paulus zu ihrem eigenen Schaden vertraten. Petrus bewertete diese Menschen als durchaus negativ, und wenn wir uns mit ihnen einlassen, könnte es dazu führen, dass wir unseren sicheren Halt verlieren. Ich glaube, dass Petrus diese Irrtümer ansprach, wenn es ihm darum ging, ein reines und tadelloses Leben in Frieden mit Gott zu führen, und weil er wollte, dass wir in der Gnade und Erkenntnis unseres Herrn Jesus Christus wachsen. Es ist kein Zufall, dass Petrus diese beiden Themen in unmittelbaren Kontext zu Menschen, die die Lehren des Paulus vertreten, aufgriff. Beide Themen sind eng miteinander verbunden. Aber wie? Wachstum in der Gnade und Erkenntnis des Herrn Jesus bringt uns dahin, ein reines und tadelloses Leben in Frieden mit Gott zu führen. **Wahre Erkenntnis der Gnade führt nie zu einem nachlässigen, unreinen oder sündigen Leben.** Da hätte man die Kosten, die Jesus für deine und meine Errettung getragen hat, nicht verstanden. Ich glaube, dass Petrus sich mit dem „Verdrehen und Entstellen" auf Menschen bezog, die behaupteten, Gnade bedeute, dass wir leben können, wie wir wollen, und dass Sünde keine Rolle spielt. Gnade ist ein Geschenk und nicht von unseren Werken abhängig. Aber Gottes Gnade ist auch keine Hängematte, die uns sanft einlullt, bis wir in einem Zustand gedankenloser Zügellosigkeit oder moralischer Abstumpfung angelangt sind. Vielmehr ist Gottes Gnade eine Startrampe, die uns in ein Leben des Gehorsams gegenüber Gott, seinem Wort und seinem Geist und in ein Leben des geistlichen Wachstums, der Trennung vom Bösen und der dynamischen Jüngerschaft katapultiert.

Heiligkeit	Heiligkeit ist NICHT
Wie Jesus denken, sprechen und handeln	Anpassung an Regeln, die Menschen und nicht Gott gemacht haben
Sich der heiligenden Gnade im Inneren überlassen und Gott gestatten, dass er einem hilft, sich zu verändern	Die Zähne zusammenzubeißen und versuchen, die Sünde aus eigener Kraft zu überwinden
Ehrlich sein und handeln	So tun, als ob; vorgeben, etwas zu sein, das man nicht ist
Verantwortung für das eigene Tun und die eigene Haltung übernehmen	Auf andere herabsehen und sich für besser halten
Wissen, dass Gott Recht hat, und sich in Demut ihm anpassen.	Denken, dass man der einzige ist, der Recht hat, und dass alle anderen falsch liegen
Dem Heiligen Geist gestatten, das eigene Leben zu verändern	Sich anstrengen, dem zu entsprechen, was jemand anderes für richtig hält
Wird von innen nach außen zum Ausdruck gebracht	Wird von außen nach innen erreicht

Wenn du mir immer noch nicht glaubst, dann höre die Worte von John Calvin. Calvin sagte, dass Heiligung vom Kreuz kommt und dass die Gerechtigkeit bei der Erlösung inbegriffen ist.

Wünschst du dir denn Gerechtigkeit in Christus? Dann musst du zuerst Christus besitzen; aber du kannst ihn nicht besitzen, ohne ein Teilhaber seiner Heiligung zu sein, denn er kann nicht in Stücke aufgeteilt werden. Es ist daher ausschließlich durch ihn, dass der Herr uns diese Vorteile zum

Genuss gibt. **Er verleiht beides zur gleichen Zeit, das eine niemals ohne das andere.** Somit ist klar, wie sehr es der Wahrheit entspricht, dass wir gerechtfertigt werden, nicht ohne Werke und dennoch nicht durch Werke, da uns ja unsere Beteiligung an Christus rechtfertigt. **Heiligung ist ebenso mit inbegriffen wie Gerechtigkeit.**[9]

"

Zeugnis

Ich erhielt die Nachricht, dass eine Schwester im Herrn aufgrund eines schweren Hirntumors ins Koma gelegt worden war. Da die Folgeschäden so groß schienen, meinten die Ärzte, dass sie den Stecker in 2 Tagen ziehen müssten, wenn nicht etwas „Höheres" eingreifen würde. Ich betete mit, dass sich der Hirntumor in Jesu Namen auflöst und die Schwester wieder aufwacht. 2 Tage später kam die geniale Nachricht. Die Dame wachte von selbst auf, der Hirntumor war nicht mehr zu finden, ebenso alle Folgeschäden!! Halleluja - Jesus alle Ehre. Ist es nicht genial, dass Gebet wirklich funktioniert? Das Gebet eines „Gerechten vermag viel". Du bist gerecht!

---

9 Calvin, Institutes, 3.16.1 p. 797- 798.

„

Leben im Glauben

Solange wir auf Erden wandeln, leben wir im Glauben. In den vorherigen Kapiteln war es mein Bestreben, dir als Leser bewusst zu machen, wer du in Christus bist und was dir durch das vollbrachte Werk Jesu geschenkt wurde. Das Problem vieler Christen heutzutage ist dasselbe wie in der Zeit des Propheten Hosea, durch welchen Gott sprach: „Mein Volk kommt um aus Mangel an Erkenntnis." (Hosea 4,6 ELB). Wir kämpfen immer noch aus eigener Kraft, versuchen, alles zu bewerkstelligen, was in unserer Macht steht, um Christus gemäß zu leben, da wir an Mangel der Erkenntnis leiden. Die Folge ist Depression und Burn-Out. Doch das ist nicht das Erbe, welches Christus uns hinterließ. Jesus kam, damit wir Leben haben und dies in Fülle (Johannes. 10). Hoseas Worte bedeuten für uns im Umkehrschluss: **Wenn wir erkennen, was wir in Christus haben, fließt Leben!** Wir leben in einer gefallenen Schöpfung, in der ein besiegter Teufel möchte, dass wir ihm und seinen

Lügen Glauben schenken, um ihn somit zu bevollmächtigen, sein böses Wesen und seine Spielchen hier auf Erden zu tun. Auch Gott möchte, dass wir ihm und seiner Wahrheit glauben, um wirklich frei zu leben. Glaube ich der Lüge, dann ist Gebundenheit die Folge. Glaube ich der Wahrheit, dann bringt es Leben. **Wir bevollmächtigen den, dem wir unseren Glauben schenken! Wir geben dem Macht in unserem Leben, mit dem wir übereinstimmen.** Die Bibel nennt dies auch, *„den guten Kampf des Glaubens kämpfen"* (1. Tim. 6,12).

Im Epheserbrief Kapitel 6 lesen wir von der Waffenrüstung. Früher dachte ich immer, ich müsse diese Rüstung jeden Tag neu anziehen, bis ich erkannte, dass jeder Teil dieser Rüstung Christus repräsentiert und ich ihn nicht an und ausziehe, sondern ständig trage. Zur Rüstung gehört auch das Schild des Glaubens, von dem ich früher dachte, es würde die feurigen Pfeile des Feindes von meinem Herz fernhalten. Heute glaube ich, dass die feurigen Pfeile des Feindes auf unseren Kopf gerichtet sind, weil dort der Kampf des Glaubens ausgefochten wird - in unseren Gedanken. Deshalb ist es auch interessant, dass wir den Helm des „Heils" tragen sollen. Mit anderen Worten, wenn wir uns bewusst sind, was Christus am Kreuz für uns erkaufte (Heil), schützt diese Erkenntnis uns vor den feurigen „Lügen"-Pfeilen des Feindes. Selbst die Wissenschaft hat herausgefunden, dass Gefühle durch Gedanken entstehen. Gefühle und Emotionen sind nicht antichristlich. Wenn Gefühle jedoch aus der falschen Quelle kommen und dich leiten, haben wir ein Problem. Wir folgen nicht Gefühlen, wir wandeln im Glauben. **Wir dürfen den fühlen, an den wir glauben. Doch wir brauchen kein Gefühl, um zu glauben!** Es ist also tatsächlich so, wie Joyce Meyer sagt: „Ein Schlachtfeld der Gedanken". Das Schild des Glaubens bedeutet, dass wir die feurigen Pfeile dadurch auslöschen, dass wir im Glauben die Wahrheit, die Gott über uns ausspricht, freisetzt. Wenn ich z.B. morgens in den Spiegel schaue und eine Lüge meldet sich und sagt zu mir: „Du bist echt hässlich!", dann nehme ich diese Lüge gefangen, indem ich mir bewusst mache, was Gott über mich denkt. Ich danke dir Papa, dass ich in deinem Bild geschaffen wurde. Du bist wunderschön und einzigartig, und dies widerspiegelt auch mich. Psalm 139, 14 sagt:

> *Ich danke dir dafür, dass ich erstaunlich und wunderbar gemacht bin; wunderbar sind deine Werke, und meine Seele erkennt das wohl!* (SLT)

Die Lüge wird durch Wahrheit ausgelöscht! Halleluja. Unser geistlicher Kampf hat sehr viel mehr damit zu tun, dass wir im Glauben die Wahrheit ergreifen und verinnerlichen, als damit, dass wir gegen einen besiegten Feind kämpfen!

(Das soll nicht heißen, dass die Attacken des Teufels nicht echt wären! Mein Herz ist, den eigenen Fokus nicht auf den Angriff zu richten, sondern auf die Lösung in Christus. Dabei sind Beter natürlich eine enorme Unterstützung, um eine klare Sicht zu bekommen. Die Perspektive bestimmt den Sieg!)

Dem Teufel widerstehen

Wenn die Lügen des Verführers es geschafft haben, dich zu verführen, und du realisierst, dass du angegriffen wirst, dann versuche nicht, wie wild gegen den Teufel zu kämpfen. Dem Teufel zu widerstehen, ist nicht Abrakadabra gleich „ich widerstehe dir, Teufel“ (Jakobus 4,7), sondern es ist das glaubensvolle Annehmen der Wahrheit in Christus und das Niederlegen des eigenen Seins!

> *Unterwerft euch nun Gott! Widersteht aber dem Teufel! Und er wird von euch fliehen.* (Jakobus 4,7 ELB)

Wir widerstehen, indem wir uns unterwerfen! Unterwerfen bedeutet, dass ich meine Gedanken Gott unterwerfe und seine Gedanken über mich annehme. Bill Johnson prägte den Satz: „Ich kann mir keinen Gedanken erlauben, den Gott nicht über mich denkt.“ Anders ausgedrückt: Ich kann es mir nicht erlauben, anders von mir zu denken als Gott von mir denkt! Wir müssen also wissen, was Gott über uns denkt, um die Lügen des Feindes zu entlarven. Was bringt ein „Ich widerstehe dir, Teufel!“, wenn ich Bitterkeit, Unvergebenheit, Zorn und dergleichen gegen die Menschen in mir trage und dadurch die Attacke erst auslöse? Der Teufel ist besiegt und niemand ist Schuld an meinem Versagen, außer ich. Ich habe die Lügen vom Vater der Lüge geglaubt (vgl. Johannes 8). Niemand sonst. Nur ich kann die Verantwortung dafür übernehmen. Ich bin kein Opfer mehr! Ich demütige mich unter den Heiligen Geist, bitte ihn um Hilfe, die Wahrheit zu erkennen und zu glauben, und entscheide mich mit Gottes Hilfe, diesen Weg zu gehen. Das ist die Art und Weise, wie man dem Teufel widersteht! Wir können nicht länger die Verantwortung auf andere oder den Teufel selbst schieben. Es mag sich besser anfühlen, ist aber Armutsdenken, Waisenmentalität, Schuldzuschieberei... und macht nicht frei. „Die Schlange war‘s“ hat schon Adam und Eva nicht geholfen. Da kann man noch so laut brüllen: „Satan, hinter mich, in Jesu Namen!“. Solange ich mich nicht unter die Wahrheit beuge, ist das nur reines Schattenboxen - Kraftverschwendung. Es mag sich dramatisch anhören, ist aber nur heiße Luft.

Wenn deine Ehe „angegriffen“ wird, dann übernimm die Verantwortung für deine Fehler und sag als Erster zu deinem Ehepartner: „Es tut mir Leid“. Lege Frust und Zorn ab, vergib ohne Forderung, bleib‘ in der Liebe, ohne Angst, zu kurz zu kommen... hol‘ Hilfe wenn nötig!

Wenn du in der Versuchung stehst, Mist zu bauen, beuge dich unter den Heiligen Geist und erkenne mit ihm an, dass du heilig und gerecht bist und die Sünde nicht über dich herrscht, da du unter Gnade bist. Wenn du dir Sorgen um deine Zukunft machst oder um die Zukunft anderer, dann beuge dich unter Gottes mächtige Hand, indem du alle Sorgen im Gebet auf ihn wirfst, und höre im Frieden hin, ob du etwas tun oder einfach vertrauensvoll warten sollst.

Im Geist wandeln

Jeder Christ redet darüber, doch was bedeutet „im Geist wandeln“? Wir sind der „Tempel des Heiligen Geistes“, wir beherbergen ihn- er wohnt in uns (vgl. 1. Korinther. 6). Durch die Beziehung zum Heiligen Geist, im Vertrauen und Gehorsam zu ihm, wirst du die Alltagskämpfe überwinden, und die Frucht des Geistes (vgl. Galater 5) wird hervorsprießen. Der Geist ist unsichtbar, deshalb ist „im Geist zu wandeln“ zuallererst nichts Greifbares. Unser menschlicher Intellekt stößt sich daran oder schält gerne ab, wenn er die Dinge nicht sehen und anfassen kann. Gott ist Geist. Als du „Ja“ zu Jesus sagtest, wurdest du „aus Gott geboren“ (vgl. Johannes 1,13). Wir leben also durch den Geist. Die Bibel liefert uns dutzende von Stellen, die uns animieren, im „Geist zu wandeln“. Hier mal eine kleine Aufzählung:

Galater 5, 25

Wenn wir durch den Geist leben, so lasst uns durch den Geist wandeln!

Galater 5, 16 (ELB)

Ich sage aber: Wandelt im Geist, und ihr werdet die Begierde des Fleisches nicht erfüllen.

Römer 8, 6 (ELB)

Denn die Gesinnung des Fleisches ist Tod, die Gesinnung des Geistes aber Leben und Frieden.

Römer 8, 4 (ELB)

...damit die Rechtsforderung des Gesetzes erfüllt wird in uns, die wir nicht nach dem Fleisch, sondern nach dem Geist wandeln.

Im Geist zu wandeln ist also etwas grundlegend Wichtiges für jeden Christen, der im Sieg leben möchte. Aber was ist es denn jetzt? Es ist recht simpel. Gott ist Geist, aber wir können ihn nicht mit unseren menschlichen Augen sehen. Wir glauben an ihn. Geistliche Realität kann man erst einmal nur im Glauben annehmen. Anders ausgedrückt, wenn Gott etwas als wahr erklärt, dann ist es das. Auch wenn ich es nicht sehe. **Im Geist wandeln ist also im Glauben wandeln, im Glauben die Wahrheit höher achten als alles, was um einen herum ist!** Paulus sagt es in Galater 2 Vers 20 so:

Galater 2,19-20

In Wirklichkeit jedoch habe ich mit dem Gesetz nichts mehr zu tun; ich bin durch das Urteil des Gesetzes dem Gesetz gegenüber gestorben, um von jetzt an für Gott zu leben; ich bin mit Christus gekreuzigt.

Nicht mehr ich bin es, der lebt, nein, Christus lebt in mir. *Und solange ich noch dieses irdische Leben habe,* ***lebe ich im Glauben*** *an den Sohn Gottes,* ***der mir seine Liebe erwiesen und sich selbst für mich hingegeben hat.***

Ich weise Gottes Gnade also nicht zurück, denn das Gesetz kann uns nicht dazu verhelfen, vor Gott gerecht dazustehen. Wäre es anders, dann hätte Christus nicht sterben müssen.

Paulus, du schreibst hier, dass du gestorben bist. Warum redest du dann im nächsten Satz davon, dass du lebst? Der Glaube verwirklicht etwas von dem, wovon er überzeugt ist, dass es im Unsichtbaren vorhanden ist (vgl. Hebräer. 11). Kann es sein, dass Paulus mit diesen Versen ausdrücken möchte, dass er sein irdisches Leben im Glauben auf einer höheren Realität lebte? Er lebte aus einer anderen Realität, aus einer anderen Wahrheit heraus! Deshalb beten wir ja auch, „dein Reich komme wie im Himmel so auf Erden". Wir wollen, dass Gottes Realität, seine Wahrheit, sein Königreich hier auf Erden etabliert wird (vgl. Mat. 6).

„Im Geist wandeln" heißt, demütig zu glauben, was Gott als Wahrheit erklärt hat. Es bedeutet, in einer anderen Realität als das, was vor Augen ist, was der Arzt meint, was deine Kollegen über dich sagen..., verwurzelt zu sein. Geistliche Realität, Wahrheit (oder Wirklichkeit) führt immer in die

Freiheit. „Wandelt im Geist, und ihr werdet die Begierde des Fleisches nicht erfüllen." Wandelt in dem, was Gott als wahr erklärt hat, und diese Wahrheit bringt als Frucht Freiheit. Im Umkehrschluss: Wenn „im Geist wandeln" bedeutet, dass ich unsichtbare Realitäten als höhere Wirklichkeit einstufe als das Sichtbare, bedeutet „im Fleisch wandeln", sichtbare Realitäten als höchste Wirklichkeit einzustufen.

Ein Gebet des Glauben, welches die höhere Realität, in der du mit Christus lebst, bekennt, könnte so aussehen: „Papa, im Natürlichen fehlt mir das Geld für die Rechnungen, die ich bekommen habe. Aber du hast gesagt, dass ich in dir keinen Mangel habe und du mein Versorger bist. Ich vertraue dir. Ich gebe dir dieses Problem ab und werfe alle Sorgen auf dich! Danke, dass du dich um mich kümmerst! Danke, dass du nicht abhängig von diesem Weltsystem bist und ich auch nicht, denn ich bin dein Kind. Ich danke dir für alles, was ich habe! Du bist so gut zu mir. Ich schaue auf das, was ich habe, nicht auf das, was ich nicht habe. In deiner Gnade vermag ich alles durch dich, der mich mächtig macht. Egal, ob ich viel oder wenig habe, du bist mein Glück, meine Freude und meine Kraft. Dir gilt mein Dank und meine Anbetung!"

Dies zu beten, mitten in deiner Versuchung, mitten in äußerlichem Mangel, mitten in gegensätzlichen Gedanken (Lügen), wenn du dich wie ein Sünder fühlst, wenn schmutzige Gedanken deinen Kopf einnehmen wollen, wenn du morgens nach einer schlechten Nacht aufstehst und dich gar nicht wie ein Christ fühlst..., wenn die unerwarteten Rechnungen kommen, wenn Krankheit deinen Körper oder deine Familie angreifen, wenn Menschen gegen dich sind oder du ungerecht behandelt wirst... hilft dir deine Perspektive, deine höhere Realität wahrzunehmen. DANN hast du die Chance, entweder durch das zu leben, was du fühlst und siehst, oder aber auf die geistliche Wirklichkeit zu schauen. Der Unterschied ist Niederlage oder Sieg! Der Unterschied ist Fleisch oder Geist. Der Unterschied ist Tod oder Leben.

Mit der Zeit wird dein Denken erneuert und deine Emotionen leben die Wahrheit. Ein herrliches Leben! Ein Leben frei von religiösem Krampf. Ein Leben der Gnade. Ein Leben im Geist. Der äußere Druck der Welt kann dir bald nichts mehr anhaben. Du lebst von einer anderen Realität, nicht von der Erde zum Himmel, sondern vom Himmel zur Erde. Du lebst im Geist, deinem wahren Zuhause.

Was kein Auge gesehen...[10]

Der religiöse Geist strebt immer danach, dass wir für etwas arbeiten, was uns bereits gehört. Deshalb ist alle Religiosität wie ein Hamsterrad und ein schweres Joch, Wir sind immer beschäftig und kommen nie ans Ziel. Im Kontrast dazu sind wir durch die Gnade befähigt, das Richtige zu tun, und weil die Kraft von Gott kommt, tragen wir ein leichtes und sanftes Joch.

1. Korinther 2, 9 (SLT)

... sondern, wie geschrieben steht: »Was kein Auge gesehen und kein Ohr gehört und keinem Menschen ins Herz gekommen ist, was Gott denen bereitet hat, die ihn lieben«.

---

10 Inspiriert durch https://fatofa.de/2013/07/30/arbeite-nicht-fuer-das-was-du-schon-hast/

Dieser sehr bekannte Vers wird von Predigern und Propheten gerne verwendet, um die Menschen auf eine bessere Zukunft zu vertrösten. Es gibt dabei aber einen Haken. Dieser Vers spricht nicht von deiner Zukunft, sondern von deiner Gegenwart! Es handelt sich um ein Zitat aus dem Alten Testament. Es ist immer wichtig, solche Verse im Kontext zu lesen, bevor man sie auslegt. So geht es weiter:

1. Korinther 2, 10 und 12 (ELB)

Uns aber hat es Gott geoffenbart durch seinen Geist; denn der Geist erforscht alles, auch die Tiefen Gottes.

Wir aber haben nicht den Geist der Welt empfangen, sondern den Geist, der aus Gott ist, damit wir die Dinge kennen, die uns von Gott geschenkt sind;

„Was kein Auge gesehen und kein Ohr gehört und keinem Menschen ins Herz gekommen ist... UNS aber hat es Gott geoffenbart..." Du gehörst zu „Uns aber...". Wir leben in der Erfüllung dieser Verheißung. Wir haben Zugang erhalten und wissen, was uns von Gott geschenkt ist! Es ist kein Geheimnis mehr – Christus in uns, war das Geheimnis, nun aber befähigt uns der Heilige Geist, die Dinge zu entdecken, die uns geschenkt und anvertraut wurden. Paulus schreibt weiter, dass es genau das ist, wovon wir auch sprechen – von dem, was Gott uns geschenkt hat! Leider predigen wir oft über Dinge die erst noch kommen sollen, die Gott tun will, wo wir alle noch hinkommen sollten und was wir machen müssen, um dort hinzugelangen.

In den Sprüchen heißt es, dass hingezogene Hoffnung das Herz krank macht. Und was passiert, wenn ich auf etwas hoffe, das mir eigentlich schon gehört? Ich hoffe vergebens und der Zugang dazu wird mir verwehrt, obwohl es mein Erbe ist. Ermüdend! Was mich erfrischt, anfeuert, Liebe und Leidenschaft freisetzt ist die Erkenntnis, dass ich schon heute alles habe, was nötig ist! Heute wohnt Gottes Geist in mir und will mir die Tiefen Gottes zeigen. Heute kann Erkenntnis und Offenbarung über meinen himmlischen Vater und mein neues Leben in Christus mein Herz zum Glühen bringen. Heute kann die Tiefe der Guten Botschaft mein Leben verändern, heilen, befreien und stärken. Heute kann ich ein Erweckungsleben führen, Menschen mit Gottes Liebe und Kraft berühren und diese Welt verändern.

Das sollten wir predigen. Wir sollten predigen, was wir haben und kein Mangel- und Waisendenken fördern, in dem wir ständig davon reden, was wir noch nicht haben oder wofür wir noch nicht bereit sind.

Wir sind die Erfüllung der Prophetie. Wir sind Erweckung. Christus in uns ist die Antwort auf die Nöte dieser Welt. Es ist die Hoffnung auf Herrlichkeit. Lasst uns bitte aufhören, immer irgendeinen besseren Tag zu prophezeien oder von der nächsten auserwählten Generation zu sprechen (die ihrerseits auf prophetischen Konferenzen wieder von der nächsten auserwählten Generation redet. Vergebt mir meine Ironie...) Lasst uns glauben und so handeln, als wären wir diese Generation – denn wir sind es. Seit dem Kreuz sind alle Generationen auserwählt! Wir sollten damit beginnen, in Anspruch zu nehmen, was bereits zur Verfügung steht! Jemand sagte einmal, dass die Propheten des Neuen Testaments hauptsächlich die Vergangenheit prophezeien, weil sie proklamieren, was durch das Kreuz bereits geschehen ist. Wie tief und wahr diese Erkenntnis doch ist. Wir laufen nicht mehr im Hamsterrad der Religion, drehen uns nicht mehr wie ein Hund im Kreis, bei dem Versuch, unseren eigenen Schwanz zu fangen. Christus hat uns mit

IHM auferweckt zur Neuheit des Lebens. Wir sind Kinder des Lichts. Wir sind im Geist. Wir sind erlöst. Ein Geist mit Ihm. Nun lasst uns auch so leben!

GEH!

Nun haben wir so viel gelernt, jetzt muss davon geredet werden. Nichts soll mehr sicher sein, alle sollen von diesen genialen Neuigkeiten hören. Wenn wir tatsächlich verstanden haben, was das Kreuz für und mit uns getan hat, können wir nicht anders, als davon zu erzählen. Welch geniale Neuigkeiten! Es muss im Alltag weitergehen. Wir leben in einer Zeit, in der Zeichen, Wunder, Heilungen und Prophetie in den Gemeinden wieder ihren Platz gefunden haben, sowohl im Alltag als auch innerhalb und außerhalb der Kirchenmauern. Dies geschieht nicht nur durch Pastoren oder „Geistliche" die aufgrund ihres Berufes hierfür freigesetzt sind. Mütter, Geschäftsleute, Lehrer, Kinder und viele andere bezeugen das lebendige Wort, welches sich in ihrem normalen Leben manifestiert. Früher haben wir solche Zeugnisse nur von Missionaren oder Predigern gekannt und uns mit Ihnen gefreut. Aber nun passieren diese Geschichten nicht mehr ausschließlich in der Dritten Welt. Nun wird das volle Evangelium vom Reich Gottes (vgl. Römer 15, 19) in den westlichen Nationen gepredigt, begleitet von Zeichen und Wundern.

Ich lese gerne, bevor ich zu Bett gehe. Doch wenn ich die Türe zu meinem Zimmer aufmache und den Lichtschalter betätige, muss ich nicht erst warten, bis die Schlacht zwischen Licht und Finsternis ausgefochten ist. Der Vorgang ist nämlich völlig unkompliziert! Sobald das Licht den Raum erfüllt, verschwindet die Dunkelheit. Sie hat keine andere Wahl! Sie kann nicht dagegen protestieren. Sie kann mich nicht anschauen und sagen: „Mir gefällt dein Zimmer, ich bleibe." Sobald sich der Raum mit Licht füllt, müssen die Schatten fliehen! Jeder Gläubige trägt das Licht der Offenbarung unseres Königs und seines Reiches in sich. Jesus sagte zu seinen Jüngern: „Solange ich in der Welt bin, bin ich das Licht der Welt." (Johannes 9,5), und fügte angesichts seines baldigen Abschieds hinzu:

Matthäus. 5, 14ff

Ihr seid das Licht der Welt. Eine Stadt, die auf einem Berg liegt, kann nicht verborgen bleiben. 15 Auch zündet niemand eine Lampe an und stellt sie dann unter ein Gefäß. Im Gegenteil: Man stellt sie auf den Lampenständer, damit sie allen im Haus Licht gibt. 16 So soll auch euer Licht vor den Menschen leuchten: Sie sollen eure guten Werke sehen und euren Vater im Himmel preisen.«

Licht bringt Offenbarung. Licht macht etwas sichtbar, das zuvor im Dunkeln verborgen war. Wenn du und ich das Licht der Welt sind, dann liegt es in unserer Verantwortung, dass das Reich Gottes durch jeden Aspekt unseres Lebens zum Ausdruck kommt. Die Bibel sagt klipp und klar, dass das Reich Gottes in allen Gläubigen steckt. Nirgends steht geschrieben, dass es nur in geistlichen Leitern oder Leuten mit außergewöhnlicher Salbung wohnt (vgl. Luk. 17, 21). Ohne die Kraft Gottes, die uns gegeben wurde (vgl. Matthäus. 28), können wir Gott nicht würdig, geschweige denn exakt repräsentieren. Wenn die Menschen Gott deutlich erkennen sollen, sind Wunder unerlässlich. Über diese Wunder Zeugnis abzulegen, ist ein Teil unserer Schuld an die Welt. Wir schulden dieser

Welt ein kraftvolles, leidenschaftliches, liebevolles, freudiges und Frieden stiftendes Leben, welches das Evangelium repräsentiert. Eine Begegnung mit ihm verändert alles. Unsere Aufgabe ist es, das Reich Gottes auf die Erde zu bringen, was bedeutet, dass wir seinen Namen mit unserem Leben präsentieren. Wir nennen uns Christen, weil wir seinen Namen angenommen haben, und als Kinder Gottes (1. Johannes 3,1) sollte man uns und das, was wir leben, mit seinem Namen in Verbindung bringen. Die Kraft, die wir haben, um jeder Not begegnen zu können, hängt an dem Namen, den wir tragen. Es ist nicht unsere Kraft, sondern seine! Ich bin lediglich das Gefäß, durch welches diese Kraft fließen darf. Diese Kraft setzt die Gefangenen frei, hilft den Unterdrückten, heilt, bringt Frieden und Liebe. Ich trage aber nicht nur seinen Namen, sondern Christus lebt in mir, auf dass er durch mich leben kann. In Kolosser 1,27 schreibt Paulus, es ist *„Christus in euch, die Hoffnung der Herrlichkeit."* Also habe ich, was ich brauche, um die Herrlichkeit Gottes durch mein Leben zu offenbaren. Lukas 17,21 sagt *„... Das Reich Gottes ist mitten unter euch."* Gott sucht einfach nur Leute, die herauslassen, was in ihnen ist. Wer von diesem himmlischen Reich gekostet hat, aus dessen Leib werden Ströme des Lebendigen Wassers fließen (vgl. Johannes 7). Dieses Leben, das er uns schenkte, fließt über (vgl. Johannes 10). Er ist in dir und möchte heraus. Zu viele Christen beherbergen Gott, ohne dass ihre Nachbarn ihn zu Gesicht bekommen. Sie sind wie ein stehendes Gewässer, wie das Tote Meer, aus dem das Wasser nicht abfließen kann. Wenn wir den Jesus verbreiten, der in uns ist, verbreiten wir das Reich Gottes! Somit besteht der Dienst des Gläubigen schlicht in der Freisetzung der Gegenwart Christi, die in uns wohnt! Sind wir bereit, das, was wir als

Geschenk von Gott bekommen haben, weiterzugeben? Sind wir bereit, aus dem Boot der Bequemlichkeiten auszusteigen und Gott zu vertrauen (vgl. Mit. 14)? Das Wasser der Unmöglichkeiten wartet darauf, dass wieder jemand auf ihm geht! Lieber wagen wir etwas im Glauben, als dass wir im Unglauben in unserer Komfortzone vergammeln. Gott hat beschlossen, sich durch Menschen zu offenbaren, die sich ihm völlig ausliefern, ihm völlig vertrauen und seiner Stimme mehr gehorchen als der Stimme der Welt! Lasst uns dieses Abenteuer wagen, dieser Welt einen Christus vorzustellen, der zu gut ist, um wahr zu sein, vollbepackt mit Zeichen und Wundern! Geh. Amen.

Schlussworte

Dieses ganze Buch hindurch war es mein Bestreben, dir das einfache Evangelium von Jesus Christus zu zeigen – durch die Schrift sowie durch meine eigenen Kämpfe mit Tradition und Irrlehre. Ich habe dir gezeigt, dass Gott in der Zeit, in der wir leben, Menschen nicht mit Krankheit, Leiden und Unfällen straft. Aufgrund des vollbrachten Werkes Jesu am Kreuz wird er weder zornig auf dich sein, noch dir Vorwürfe machen, auch wenn du versagst. Die Hauptaussage dieses Buches lautet: Gott ist gut und liebt dich so sehr, dass er sein Kostbarstes gab (seinen Sohn), damit du mit ihm in einer Beziehung leben kannst! Viele Gläubige leben heute in Unwissenheit, weil sie den Gott des Neuen Bundes nicht kennen. Ich glaube von ganzem Herzen, dass dein Herz jetzt von seiner verschwenderischen Liebe zu dir brennt, da du mit mir diese wunderbare Reise unternommen hast und die Dinge, die Jesus und sein vollbrachtes Werk betreffen, selbst gesehen hast. Heute möchte dich Gott segnen. Versuche nicht länger, seine Annahme mit deinen eigenen Werken zu verdienen und zu erwerben.

Jesus hat die Arbeit bereits getan. Glaube einfach, dass es nicht mehr darum geht, was du tun musst, sondern was er an deiner Stelle getan hat. Ich danke dir, dass du mit mir diese Reise unternommen und mir die Möglichkeit gegeben hast, dir mehr von Jesus zu offenbaren. Er möchte, dass du in deiner Berufung als Kind Gottes lebst, und er möchte nicht nur dich mit allen geistlichen Segnungen bereichern, sondern auch deine Nachbarschaft und Stadt. Ich glaube fest daran, dass du in Freiheit leben und die Werke des Teufels zerstören wirst. Ich bin gespannt auf all die Zeugnisse, die Gott und du zusammen erleben werden. Du bist sein Plan. Menschen rufen täglich nach einer Offenbarung seiner Existenz, und er sandte dich, ihn zu repräsentieren. So, jetzt hast du alles gehört, jetzt ist es an der Zeit, zu handeln. Du bist mit allem ausgestattet, nun geh in der Kraft des Heiligen Geistes und heile Kranke, wecke Tote auf, mache Aussätzige rein, treibe Dämonen aus. Umsonst hast du empfangen, umsonst gib es weiter. Es ist simpel. So einfach ist nur Jesus!

FEARLESS

CHURCH

Fearless Church ist eine Gemeinschaft hungriger Christen, die überzeugt sind, dass Gott GUT ist und seine Schöpfung bedingungslos liebt. Jesus zeigte uns, wie man als Christ liebt, lebt & in Vollmacht handelt. In seiner Gegenwart ist alles möglich!

Wir bauen ein Zentrum, wo der Fokus auf der Gegenwart Gottes liegt, familiäre Beziehungen das Grundgerüst und das Wohl unserer Stadt, unseres Landes und darüber hinaus unser Auftrag ist. Deshalb ist die Mission von Fearless Erweckung durch die Gegenwart Gottes zu bringen, in dem Bewusstsein des vollbrachten Werkes von Christus und der daraus resultierenden persönlichen Identität in ihm.

Kirche ist für uns ein Ort an dem Menschen in eine kraftvolle, reale und verändernde Begegnung mit Jesus geführt werden und erleben, wie der Himmel in ihre Welt hereinbricht – wie im Himmel so auf Erden!

GOTT IST GUT

GOTT IST GUT! Diese Feststellung ist mehr als ein positiver Gedanke, ein theologischer Begriff oder eine biblische Aussage. Welche Bedeutung diese drei Worte für dich haben, definiert deine Realität und bestimmt dein Schicksal.

In einer Welt voller Angst, Krankheit, Krisen, Ungewissheit und Hoffnungslosigkeit, bestimmt deine Auffassung von Gottes Güte, wie du auf die Umstände und Prüfungen des Alltags reagieren wirst. Deine Annahme von Gott beeinflusst alles!

Bestsellerautor Bill Johnson präsentiert sein neues bahnbrechendes Buch, das die Gläubigen dazu aufruft, ihr Leben auf einem unerschütterlichen Fundament zu bauen: der Gewissheit, dass Gott gut ist.

Hier erfährst u.a. du wie:

- Du den Unterschied zwischen dem Willen Gottes und den Plänen des Feindes erkennst.
- Du zuversichtlich für einen Durchbruch betest, indem du mit Wundern rechnest und damit, dass Gott eingreift, egal in welcher Situation du bist.
- Du mit dem Himmel zusammenarbeitest um übernatürliche Lösungen für eine Welt, die im Chaos versinkt, zu finden.

Baue dein Leben auf dem festen Fundament von Gottes Güte und erlebe neue übernatürliche Bereiche in deinem Denken, die die Atmosphäre verändern und den Himmel auf die Erde bringen.

Artikel-Nr. 3598479 | ISBN/EAN: 9783944794792 | Paperback | 252 Seiten

13,95 € | 21,50 CHF

Der Weg des Lebens

Bill Johnson, der Leiter der Bethel-Church in Redding/Kalifornien, schrieb dieses Buch nicht aus der Sicht eines Theologen, sondern als Teil einer historischen Bewegung Gottes, die die Nationen erobert hat.

Er lässt uns an Erkenntnissen teilhaben, die er aus über 40 Jahren Erfahrung als Pastor gewonnen hat, wie wir eine übernatürliche Umgebung aufrechterhalten können.

• Entwickle einen übernatürlichen „Treibhauseffekt“, der die Welt um uns herum beeinflusst, indem wir die Werte des Königreichs praktizieren.

• Halte den Fluss von Gottes übernatürlicher Kraft in deinem Leben, deiner Familie und deiner Gemeinde aufrecht.

• Entwickle eine ganzheitliche Kultur, die Körper, Seele und Geist mit einbezieht, wo das Königreich einen spürbaren Einfluss auf jeden Bereich unseres Lebens hat.

• Baue durch Wertschätzung übernatürliche Beziehungen, in der jede Person in ihrer Einzigartigkeit einbezogen wird.

• Das vollendete Werk des Kreuzes ist deine Basis, denn du bist auf einer „Es ist vollbracht“-Theologie gegründet.

• Lebe in der Gegenwart des Heiligen Geistes, um die alltäglichen Situationen, in die Gott dich führt, zu verwandeln.

•Begib dich in unmöglich erscheinende Situationen und setze die übernatürlichen Lösungen von Jesus frei!

Artikel-Nr. 3598529 | ISBN/EAN: 9783947454297 | Paperback | 292 Seiten

13,95 € | 21,50 CHF

www.grain-press.de